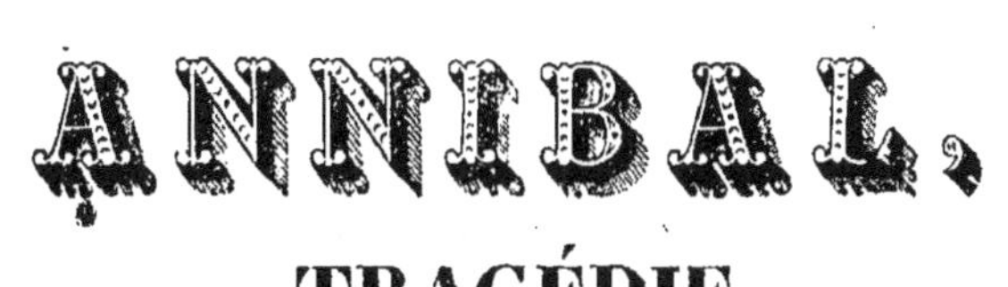

TRAGÉDIE

En cinq Actes et en Vers.

PAR

M. BELLOT, DES MINIÈRES,

AVOCAT.

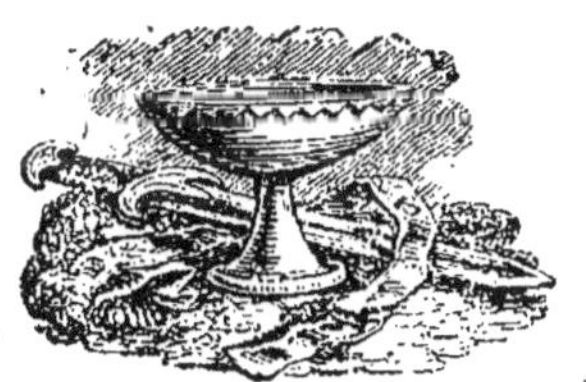

BORDEAUX,

IMPRIMERIE DE P. COUDERT, RUE SAINT-REMY, N.° 41.

1832.

AVERTISSEMENT.

Parmi les illustrations militaires, il est des noms qui planent sur tous les autres, qui ne souffrent point ou presque point de comparaison. De ce nombre, sans contredit, sont César et Napoléon. Mais, à côté de ces deux grands hommes, on peut, sans leur faire injure, placer le vainqueur de Trébie et de Cannes. Si même on a égard aux temps, aux circonstances, aux ennemis qu'il eut à combattre, peut-être a-t-il fait des choses plus extraordinaires. Il ne faut pas voir seulement les combats qu'il a livrés, les victoires qu'il a remportées : ce qui fait sa gloire, c'est la hardiesse, la grandeur de ses desseins ; les difficultés de toute nature qu'il eut à vaincre. A peine âgé de vingt-six ans, il traverse les Alpes : ce passage seul eût suffi pour l'immortaliser. Il est dans les plaines de l'Italie, réduit à une armée de vingt-cinq à trente mille hommes, ayant pour ennemi le peuple le plus guerrier de la terre. Abandonné de sa patrie, n'ayant de ressource qu'en lui-même, il se maintient pendant seize années aux portes de Rome, la menaçant sans cesse du sort qu'elle fit plus tard subir à Carthage. On conçoit une guerre aussi longue, aussi constante de la part d'un peuple contre un autre ; mais ce n'est pas Carthage qui combat Rome : c'est Annibal, Annibal seul, abandonné à son propre génie, recrutant ses rangs chez des peuples pour ainsi dire ennemis, et qui se trouve constamment à la tête d'une armée belliqueuse, d'une discipline admirable, mais composée de vingt nations différentes. Quel homme que celui qui a l'art d'imprimer son courage à de tels soldats, et de conserver toujours sur eux le même empire, non-seulement dans la prospérité, mais encore dans les revers ! Une seule armée vint à son secours ; elle était conduite par son frère : elle fut anéantie avant qu'il pût être instruit de son arrivée. Si ces deux grands capitaines avaient pu réunir leurs forces, c'en était fait de Rome : cinquante mille hommes de plus sous les ordres d'Annibal, et l'empire romain était détruit.

Annibal est forcé de repasser en Afrique et de voler au secours de sa patrie. Il jette en frémissant un dernier regard sur cette fière ennemie, sur cette proie qu'il menaça si long-temps de dévorer, et quitte en pleurant cette belle Italie qui fut témoin de ses immortelles actions. Une nouvelle gloire l'attendait à Zama. Il ne fut, dit-on, jamais plus grand que dans cette terrible journée où il fut vaincu.

Carthage lui confia de nouveau ses destinées. Il n'avait été jusque-là que grand capitaine : il fit voir qu'il n'était pas moins grand administrateur, et qu'il était fait pour gouverner un peuple. Rome en conçut des craintes ; elle crut le voir encore aux pieds de ses remparts ; et le seul homme qui pouvait réparer les malheurs de Carthage, fut obligé de fuir pour échapper au fer des assassins. Admirateur, comme je le suis, de ce grand homme qui a de si grands traits de ressemblance avec notre Napoléon, je ne pus, dans un temps où je m'occuppais de poésie, résister au désir de lui consacrer ma muse. Je crus voir dans sa mort une action dramatique. Déjà bien des poètes avaient traité ce sujet. Je suis loin de prétendre avoir mieux fait que mes devanciers ; mais ce qui leur est peut-être échappé, c'est ce qu'était encore Annibal à la cour de Prusias. Rome n'était pas accoutumée à commettre des crimes inutiles : elle ne fait assassiner Annibal que parce qu'il la fait trembler encore. Il est peu croyable, en effet, qu'un homme de ce caractère restât dans l'inaction. Il agissait à la cour de Prusias comme à celle d'Antiochus. Il faut le supposer du moins : autrement, il n'y a plus d'action dramatique. Je le fais conspirer contre Prusias lui-même. J'ai hésité long-temps à cet égard : j'ai d'avance senti le reproche qu'on m'en pourrait faire ; mais je me suis dit : Prusias est indigne de régner ; Nicomède est un prince accompli. C'est l'homme qu'il faut à Annibal pour poursuivre ses grands desseins. Un trône est peu de chose pour un homme de la trempe d'Annibal qui a sa patrie à venger, l'univers à délivrer, qui rêve depuis quarante ans la destruction de Rome, qui se croit encore capable, et seul capable d'un aussi grand dessein. Dans sa pensée, que reste-t-il après lui pour arrêter les Romains ? Cependant il lui faut une armée : il en est une toute prête à le suivre ; mais un despote, un ingrat, un parjure, l'arrête : il faut que Nicomède règne, ou que Rome asservisse le monde ; Annibal balancera-t-il ? Se laissera-t-il assassiner ? Renoncera-t-il à ces vastes projets qui le remplissent depuis si long-temps ? Que Nicomède refuse la couronne, cela est bien de la part d'un fils ; mais Annibal devait être au-dessus de cette considération. Tels sont les motifs qui m'ont déterminé. Du reste, je n'étais pas forcé de faire d'Annibal un héros accompli. Il ne s'agit pas ici de savoir si sa conduite est ou non blâmable. Il s'agit de savoir si Annibal, conspirant, est dans son caractère. Là-dessus, j'ai consulté plusieurs hommes de mérite, même des légitimistes, qui sont loin de m'avoir blâmé.

J'avais encore deux autres caractères à tracer ; ce sont ceux qui m'ont le plus coûté. Je crains bien qu'on ne m'en tienne pas compte.

L'histoire ne dit point que Scipion fût à la cour de Prusias lorsque Annibal y périt ; je n'en ai pas moins cru pouvoir introduire ce personnage dans ma pièce. Cette idée m'a paru dramatique. J'ai fait de Nicomède un disciple d'Annibal, et je l'ai placé entre son père et son maître. Cette situation n'est peut-être pas sans intérêt.

Il me reste à dire que cette pièce était achevée dès 1819. J'ai été onze années sans la lire, sans la voir, je pourrais dire sans y penser. En 1831, j'entrepris de la retoucher. Je l'ai fait, mais seulement quant au style : le plan est resté le même, ainsi que le fond des pensées. S'il s'y trouve quelques sentimens patriotiques, il en est peu qui aient été inspirés par la révolution de Juillet. Je ne l'ai pas attendue pour parler de patrie et de liberté.

ANNIBAL,

TRAGÉDIE

EN CINQ ACTES ET EN VERS.

PAR

M. BELLOT, DES MINIÈRES,

AVOCAT.

BORDEAUX,

IMPRIMERIE DE P. COUDERT, RUE SAINT-REMY, N.° 41.

1832.

PERSONNAGES.

PRUSIAS, roi de Bithynie.
NICOMÈDE, fils de Prusias.
ANNIBAL, général carthaginois.
SCIPION L'AFRICAIN, } ambassadeurs romains.
FLAMMINIUS, }
STOSAS, confident de Prusias.
ADHÉMAR, ami d'Annibal.
IDAMAN, officier bithynien.
Suite des ambassadeurs romains.
Soldats bithyniens.
Peuple.

(La scène est à Prusa, dans le palais de Prusias.)

ANNIBAL,

TRAGÉDIE.

ACTE PREMIER.

SCÈNE PREMIÈRE.

ANNIBAL, ADHÉMAR.

ANNIBAL.

C'est toi, brave Adhémar?

ADHÉMAR.

Pour des cœurs généreux
Qu'il est doux de revoir un ami malheureux !

ANNIBAL.

Eh ! quel puissant motif t'amène en Bithynie ?
Fuirais-tu, comme moi, ton ingrate patrie ?
Aux Romains, à ton tour, es-tu sacrifié?
Aurais-tu de l'exil payé mon amitié ?

ADHÉMAR.

Non, je viens d'un ami consoler l'infortune.
Long-temps, entre nous deux, la gloire fut commune;
Long-temps j'ai partagé votre prospérité,
Et je prétends ma part à votre adversité.

ANNIBAL.

Qu'un cœur tel que le tien est grand et magnanime !
Tu me fais oublier le destin qui m'opprime.
C'est quand on a perdu sa patrie et ses Dieux
Qu'on sent surtout le prix d'un ami généreux.
Eh bien ! cher Adhémar, parle-moi de Carthage :
Se lasse-t-elle, enfin, du joug de l'esclavage ?
Bénit-elle toujours la main de ses tyrans ?
Mes leçons n'ont rien fait : qu'ont fait celles du temps ?
Réponds-moi : quoique ingrate, elle m'est toujours chère.
Préfère-t-elle encor les Romains à son père ?
Après tant de travaux, après tant de hauts faits,
Annibal fut proscrit : le fut-il pour jamais ?
Que disent les vainqueurs du Tésin, de Trébie ?
Donnent-ils quelques pleurs aux maux de la patrie ?
Crois-tu qu'ils rentreraient dans le champ des combats,
Et s'ils me revoyaient qu'ils m'ouvriraient leurs bras ?

ADHÉMAR.

Rome tient dans les fers notre triste patrie ;
Mais des Hannon surtout on hait la tyrannie.
Le sort n'a pu changer vos lâches ennemis.
Malgré les maux affreux dont gémit leur pays,
Les cruels n'ont encor usé de leur puissance
Que pour nous accabler des traits de leur vengeance.
Sans doute il est encor des amis de l'honneur
Qui vous tendent les bras, qui vous ouvrent leur cœur,
Pleurant sur le destin d'un héros et d'un père
Que les Dieux ont frappé d'un arrêt si sévère ;
Mais, seigneur, on s'en tient à ces vœux impuissans :
Le ciel n'est pas pour nous ; il est pour nos tyrans.
Un proconsul romain commande dans Carthage ;
Hannon a trouvé l'art d'enchaîner le courage.

Oubliant des lauriers partagés avec vous,
Nos plus braves guerriers rampent à ses genoux.
Ces héros qu'on a vus si grands, si pleins de gloire,
Qui marchaient aux combats si sûrs de la victoire,
D'un œil indifférent contemplent leurs revers,
Gémissent sous le joug sans rougir de leurs fers.
Que quelques citoyens amis de la patrie
Elèvent leurs accens contre la tyrannie,
Des ministres de sang prononcent sur leur sort;
On les charge de fers, on les traîne à la mort;
Chaque jour il nous faut pleurer quelques victimes
Malheur sous les tyrans aux ames magnanimes.

ANNIBAL.

Les voilà ces tyrans si jaloux des grandeurs.
Ils règnent pour porter l'effroi dans tous les cœurs;
Et de tant de héros nul n'aura le courage
De s'armer pour briser les chaînes de Carthage.

ADHÉMAR.

Ainsi que vous, seigneur, ils cèdent aux destins.
C'en est fait, Annibal,

ANNIBAL.

Moi, céder aux Romains?
Mes sermens ne sont pas sortis de ma mémoire.
Les Dieux les ont reçus, j'en dois compte à ma gloire.
Me crois-tu donc ici dans un lâche repos?
Va, cette ame est toujours plus grande que ses maux.
Rien ne put l'enivrer, rien ne saurait l'abattre:
Je vis, et Rome encor doit s'attendre à combattre.
Je suis fils d'Amilcar. Oui, malgré mes revers,
C'est en vain que son joug menace l'univers,
Et que son fol orgueil s'en promet la conquête:
Il a des défenseurs et je suis à leur tête.

J'ai su lui faire ici de nouveaux ennemis :
J'arme contre elle enfin Prusias et son fils ;
Et déjà les soldats du roi de Bithynie
Appellent à grands cris les champs de l'Italie,
Ces champs abandonnés à de vils oppresseurs,
Où nos drapeaux feraient tressaillir tous les cœurs.
Et toi, pays ingrat, misérable Carthage,
Qui, trahissant toujours ta gloire et mon courage,
Voulus sacrifier Annibal aux Romains ;
Toi, qui portas sur moi tes criminelles mains;
Toi, pour qui j'eus toujours les yeux, le cœur d'un père,
O Carthage !.... jamais tu ne me fus plus chère.
Carthage, ton amour a pu changer pour moi,
Mais le cœur d'Annibal ne peut changer pour toi.
Proscrit, persécuté, sur ces rives lointaines
Je ne fais d'autres vœux que de briser tes chaînes.
Le voilà, ce tyran, ce cœur tant outragé :
Sois heureuse, Carthage, et je serai vengé.
Tu vas voir, cher ami, ce héros de l'Asie,
Ce fils, digne héritier du roi de Bithynie,
Ce prince citoyen, l'ouvrage de mes mains
Et que j'appris moi-même à haïr les Romains.

ADHÉMAR.

Nicomède, seigneur? Mais on dit que son père.....

ANNIBAL.

Depuis plus de six ans, au conseil, à la guerre,
Qui lui fut, Adhémar, plus utile que moi?
Mais qui peut pénétrer au fond du cœur d'un roi?
On le dit soupçonneux, perfide, habile à feindre,
Et là, comme partout, les flatteurs sont à craindre.
L'amitié de son fils, l'amour de ses soldats,
Un nom, quelques vertus, peut-être qu'il n'a pas,

Peuvent, c'est notre sort, lui faire quelque ombrage :
Il n'est qu'issus des rois et je suis mon ouvrage.
Qu'il règne, je ne veux que marcher aux Romains.
Mais s'il osait aussi traverser mes desseins.....
Ami, tu me connais, tu sais quelle est ma vie ;
Tu sais combien est fort l'amour de la patrie ;
Ce que peuvent des bras qui sont las de leurs fers.
J'ai juré de briser le joug de l'univers ;
Le destin a toujours trahi mon espérance :
Tant de revers ne font qu'irriter ma constance.
Oui, tyrans, si la mort ne vient pour m'arrêter,
Ma main a plus d'un coup encore à vous porter.

SCÈNE II.

ANNIBAL, NICOMÈDE, ADHÉMAR.

ANNIBAL.

Brave et généreux prince, enfin le jour arrive
Où, sortant du repos et quittant cette rive,
Vous allez satisfaire une bouillante ardeur.
Un champ digne de vous s'ouvre à votre valeur ;
Et bientôt, éprouvant de nouvelles alarmes,
Le Tibre va revoir nos drapeaux et nos armes.
Je ne sais quel destin me réservent les Dieux ;
Je suis accoutumé d'être trahi par eux,
Et je ne me tais point que Rome a l'avantage,
Toujours riche en héros, d'avoir vaincu Carthage.
Nous avons à livrer de terribles combats ;
Bien des périls, mon fils, sont ouverts sous vos pas :
Gardez-vous bien surtout d'une ardeur téméraire.
Les Romains ont appris le grand art de la guerre.
Mais ils sont entourés de peuples insoumis,
Et dans son propre sein, Rome a des ennemis.

Non moins ardens que nous, plus terribles peut-être :
L'esclave, sans pitié, s'arme contre son maître;
Et bientôt vous verrez, volant de toutes parts,
Cent peuples belliqueux joindre nos étendards.
Ne croyez pas, seigneur, que l'Europe et l'Asie,
Lorsque je combattrai leur commune ennemie,
Tardent à se ranger sous le bras d'un guerrier
Qui lie à son destin le sort du monde entier.
Je ne veux que paraître au champ de la victoire :
Tout ce qui d'Annibal a gardé la mémoire,
Tout ce qui partagea sa gloire, sa grandeur,
Et qui sent, à son nom, battre encore son cœur;
Tant de braves brûlant de venger la patrie,
De citoyens pleurant leur liberté ravie,
A ces nouveaux périls s'empressant d'accourir,
Sous le drapeau sacré viendront vaincre ou mourir.
Partons, et sans livrer d'inutiles batailles,
Attaquons les Romains dans leurs propres murailles.
Je ne balance plus, c'est là qu'il faut marcher :
La victoire est dans Rome et je veux l'y chercher.
Scipion a vaincu Carthage sous Carthage;
Rome, en ton propre sein je porte le carnage.
A toute ma fureur je me laisse entraîner :
Je suis las de combattre, il faut exterminer.
Peuples et potentats, Dieux qui daignez m'entendre,
C'est votre cause aussi que je vole défendre.
Frappons et foudroyons les tyrans des humains.
Ecrasons d'un seul coup Rome et tous les Romains.

NICOMÈDE.

Seigneur, vous ravissez et transportez une ame
Que le repos fatigue et que la gloire enflamme.
Puisse Rome demain revoir nos étendards!
Je brûle de me voir aux pieds de ses remparts;

Je brûle de la voir cette belle Italie
Où pendant si long-temps votre puissant génie
Disputa l'univers à ce peuple hautain
Qui foule insolemment les droits du genre humain.
Qu'avec ravissement je verrais ces contrées
Témoins de vos exploits, par vous tant illustrées !
Tous ces lieux où campaient vos terribles soldats,
Où vous avez livré ces immortels combats !
Quelles leçons pour moi ! quel livre ! quelle histoire !
Moi dont l'ame eût toujours si grand besoin de gloire,
Qui n'ai rien fait encor pour la postérité,
Qui tremble de mourir dans mon obscurité.
Mais, lorsque nous portons la guerre en Italie,
D'où vient que Scipion se trouve en Bithynie ?
Et ce Flamminius.....

ANNIBAL.

Des Romains en ces lieux ?

NICOMÈDE.

Des Romains.

ANNIBAL.

Et le roi ?

NICOMÈDE.

Les écoute.

ADHÉMAR.

Grand dieux !
Quand on est malheureux, prince, on a tout à craindre.
Vous savez qu'Annibal n'a que trop à se plaindre.....

NICOMÈDE.

Ne craignez point ici de perfides desseins.

ANNIBAL.

J'en soupçonne partout où je vois des Romains.

Je leur ai fait la guerre avec trop d'avantage.
Ils ont donné pourtant des chaînes à Carthage ;
La rigueur du destin poursuit toujours son cours :
Je suis vaincu, proscrit ; mais ils tremblent toujours.
Ils arment contre moi mon aveugle patrie ;
Carthage ne craint point d'attenter à ma vie.
Je me sauve en Syrie, auprès d'Anthiocus,
Prince sans caractère et tyran sans vertus :
Flamminius arrive, et bientôt l'on m'arrête.
Las d'attendre la mort qui plane sur ma tête
J'échappe à la fureur de ces deux assassins :
Je trouve dans la Crète encore des Romains.
Les voici dans Prusa : croyez-moi, les perfides
Trament encore ici des projets homicides.

NICOMÈDE.

Laissez Rome tramer ses odieux projets ;
D'un cœur impatient j'en attends les effets.
Vous n'êtes pas ici chez le roi de Syrie :
L'honneur a quelque empire encore en Bithynie ;
On y sait respecter la gloire et le malheur,
Et les ingrats toujours y furent en horreur.

ANNIBAL.

Ah ! prince, ce n'est pas la mort que je redoute.
Je l'ai mille fois vue, et de plus près, sans doute.
Elle serait pour moi le plus léger des maux ;
Mais je crains de laisser les Romains en repos.
Je tremble de ne plus revoir cette Italie :
Je tremble de laisser des fers à ma patrie.

ADHÉMAR.

Voici le roi.

SCÈNE III.

PRUSIAS, NICOMÈDE, ANNIBAL, ADHÉMAR, STOSAS.

ANNIBAL.

Seigneur, c'en est donc fait, je pars :
Pour la dernière fois je tente les hasards.
Il est temps d'en finir : la mort ou la victoire.
C'est vous qui me rouvrez le chemin de la gloire.
Digne ami d'Annibal, marchons donc aux Romains.
Vous seul me secondez de tant de souverains.
Que dis-je? quand partout Rome étend sa conquête,
Vous seul osez du joug affranchir votre tête.
Tout tremble, tout fléchit; les plus grands potentats
Frémissent à son nom : vous seul ne tremblez pas.
Donnons-leur donc, seigneur, l'exemple du courage.
Qu'attendre des Romains, si ce n'est l'esclavage.
Ah! que de ces tyrans vous préservent les Dieux!
Hâtons-nous d'arrêter ce peuple ambitieux :
Croyez-en le destin de ma triste patrie,
S'il n'est pas asservi, la terre est asservie.
Nous allons décider du sort de l'univers;
Si nous sommes vaincus, le monde est dans les fers,
Je le prédis encor. Mais Rome aussi peut l'être :
Les Dieux de son orgueil se lasseront, peut-être.
Qu'ils frappent, qu'elle tombe; après ce jour heureux
Mon ame n'a plus rien à demander aux Dieux.
Mais vous, à qui ce jour réserve tant de gloire,
O grand roi! recueillez le fruit de la victoire.
Tous ces peuples, ces rois, si long-temps outragés,
N'oublieront pas la main qui les aura vengés.
Pourraient-ils?.... Mais qu'offrir à votre auguste tête?

Pour des cœurs généreux il n'est qu'une conquête :
C'est celle de la gloire et de la liberté.
Le prix qui nous attend, c'est l'immortalité.
Cependant, à vos pieds vous allez voir la terre :
Des peuples malheureux n'êtes-vous pas le père ?
Au fond de votre cœur je ne pénètre pas ;
Mais si l'ambition parlait à Prusias,
N'en doutez pas, seigneur, si le sort nous seconde,
Sur les débris de Rome est l'empire du monde.

PRUSIAS.

Prusias jusque là n'a point porté ses vœux :
Pour gouverner le monde, il faut la main des Dieux.
La gloire d'un vrai roi, celle où mon ame aspire,
N'est pas le vain orgueil d'avoir un vaste empire ;
Le moindre des états, bien régi par les lois,
Peut mettre un souverain au rang des plus grands rois.
Où va l'ambition ? où nous conduit la guerre ?
Qu'en revient-il aux rois de dévaster la terre ?
Des titres plus pompeux, des hommages plus grands :
Ah ! la conquête encor n'a fait que des tyrans.
Quand je ne serais pas insensible à la gloire,
Un prince n'est-il donc grand que par la victoire ?
Et doit-il préférer aux charmes de la paix
Des lauriers qui sont teints du sang de ses sujets ?
Rome me la propose avec son alliance.
Je vais consolider ma gloire et ma puissance :
Je l'accepte, seigneur.

ANNIBAL.

La paix ?

PRUSIAS.

Il en est temps.

ANNIBAL.

Nous n'en devons jamais faire avec nos tyrans.

PRUSIAS.

Vous ignorez, seigneur, celle qu'on me propose.

ANNIBAL.

Dites plutôt la loi que Rome vous impose.

PRUSIAS.

La loi que l'on m'impose? et de quel droit, Seigneur?
Suis-je donc un vaincu que juge son vainqueur?
Quels que soient les Romains, leur gloire, leur puissance,
Je puis encore assez compter sur ma vaillance
Pour repousser un joug dont j'aurais à rougir,
Et peut-être à Zama m'aurait-on vu mourir.

ANNIBAL.

Je voulus vivre encor pour l'amour de Carthage.
Un trépas plus utile appelait mon courage.
Il est grand quelquefois de survivre à ses maux :
C'est au temps à peser la gloire des héros.
On ne connaît que trop ma déplorable histoire :
Carthage de mes mains arracha la victoire.
De lâches citoyens, mais au cœur orgueilleux,
Des traîtres, car, seigneur, on en voit en tous lieux,
Voilà ce qui perdit Carthage et son empire.
Ce péril vous menace, et je dois vous le dire.
Prévenez, songez-y, de terribles malheurs :
Chassez d'autour de vous tous ces lâches flatteurs.
Vous craignez, dites-vous, les horreurs de la guerre.
Écoutez cet avis, qu'il vous soit salutaire :
Vous l'aurez ; je connais trop bien vos ennemis.
Ils ont sur vous les yeux et sur votre pays.
Je ne sais que trop bien ce qui leur fait ombrage.
Il n'est pas temps encor d'achever leur ouvrage.
Les cruels ont encor quelques coups à porter :
Tremblez qu'il ne soit plus temps de les arrêter.

SCENE IV.

PRUSIAS, NICOMÈDE, STOSAS.

NICOMÈDE.

Que faites-vous, seigneur? Ah! si l'ame d'un père
Ne craint pas pour un fils de s'ouvrir tout entière,
J'ose l'en conjurer, dites-moi vos desseins.
Levez un doute affreux : que veulent les Romains?

PRUSIAS.

Ils demandent la paix.

NICOMÈDE.

Ils veulent davantage.
N'auraient-ils pas parlé du héros de Carthage?

PRUSIAS.

Respectez mes secrets.

NICOMÈDE.

Vous en avez, seigneur?
Quoi! vous me cacheriez le fond de votre cœur?
Eh! quel autre y lira si je ne puis y lire?
Quel est-il ce secret que vous n'osez me dire?
Je le vois, vous craignez d'être trahi d'un fils :
N'ayez jamais, seigneur, de plus grands ennemis.
Rome médite un crime.

PRUSIAS.

Oui, s'il fallait l'en croire,
Il irait de mon trône, il irait de ma gloire,
Il irait du repos de tout le genre humain
D'étouffer un serpent que je cache en mon sein.

NICOMÈDE.

Annibal?

PRUSIAS.

A la fin moi-même il m'importune.
J'admire son courage et plains son infortune;

Je sais dans le malheur ce qu'on doit aux héros.
Opprobre à tous les rois qui s'en font les bourreaux.
Mais un prince avant tout se doit à sa patrie ;
Et Rome fait marcher contre la Bithynie,
Prince, s'il ne périt aujourd'hui par nos mains..
Deviendrai-je pour lui l'ennemi des Romains ?
Faut-il pour un proscrit exposer ma couronne ?
D'un fils près de régner compromettre le trône ?
Vous le voyez, partout Rome impose des lois ;
Je vois de toutes parts courber le front des rois.
Ces fiers républicains.....

NICOMÈDE.

C'en est assez, mon père :
Déclarez au sénat que vous voulez la guerre.
Qui, nous, sacrifier Annibal aux Romains ?
Porter sur ce héros de criminelles mains ?
La paix est à ce prix. Le trône, la patrie
Le demandent : la guerre et non pas l'infâmie.
Partout, me dites-vous, Rome impose des lois.
Qu'en faut-il accuser ? La lâcheté des rois.

PRUSIAS.

Le monde, il est trop vrai, leur doit son esclavage.

NICOMÈDE.

Que leur a-t-il manqué, si ce n'est le courage ?
S'ils avaient dans le cœur l'amour de leur pays,
Aux maux de leurs sujets s'ils n'étaient endurcis
Ce colosse effrayant qui fait trembler la terre,
Perfide dans la paix, barbare dans la guerre,
De son énorme poids accablant les états,
Et nous menaçant d'un horrible fracas,
Vous l'eussiez déjà vu ce monstre formidable
Se briser en éclats dans sa chute effroyable.

Mais, à son bras puissant, qu'oppose l'univers?
Au lieu de les briser les rois rivent nos fers;
Et quand un seul mortel fait encor trembler Rome,
Les rois se souilleront du sang de ce grand homme?
Sa gloire, ses malheurs, ses immortels exploits.....
Ne trempez pas, Seigneur, dans le crime des rois.

PRUSIAS.

Il est trop vrai, mon cœur, ma gloire, tout m'accuse.
Dans la seule raison je trouve mon excuse.
Je maudis l'attentat; mais enfin je suis roi:
L'intérêt de l'état est la suprême loi.

NICOMÈDE.

L'intérêt de l'état, le soin de la puissance
Peuvent donc demander le sang de l'innocence?
Qu'il est cruel, seigneur, de régir son pays
Quand le sceptre des rois se voit mettre à ce prix.

PRUSIAS.

Votre front quelque jour portera la couronne.

NICOMÈDE.

Où doit-on être grand, si ce n'est sur le trône?

PRUSIAS.

Le sort des rois, mon fils, est d'être malheureux.

NICOMÈDE.

Le crime sur leur front fut toujours si hideux.

PRUSIAS.

Un fils doit respecter la volonté d'un père.

NICOMÈDE.

Vous allez donc donner cet ordre sanguinaire?
Non, jamais il ne fut conçu par votre cœur;
J'y reconnais trop bien la main d'un vil flatteur.

STOSAS.

Et de qui parlez-vous, prince?

NICOMÈDE.

De vous, peut-être;
De vous, qui ne cessez de tromper votre maître,
Ministre impérieux, trop long-temps écouté,
Cœur servile et rampant, si plein de vanité,
Qui n'attirez sur nous que honte, ignominie,
Dont l'orgueil a tant fait de maux à la patrie.

STOSAS.

Par respect pour mon roi, je me tairai, seigneur.

NICOMÈDE.

Je ne lis que trop bien au fond de votre cœur.

PRUSIAS.

Pour un digne sujet c'est à moi de répondre.

NICOMÈDE.

Les malheurs de l'état sont là pour le confondre.

PRUSIAS.

Ces malheurs vont finir, et s'il faut le trépas.....

NICOMÈDE.

Non, ce crime, seigneur, ne se commettra pas.

PRUSIAS.

Voulez-vous me forcer à punir votre audace?
Quand votre père, un roi.....

NICOMÈDE.

Qu'il se mette à ma place.
Je reconnais en vous un père, un roi puissant;
Mais j'ai reçu des Dieux un cœur reconnaissant.
Si vous êtes mon père, Annibal est mon maître,
Et je lui dois, seigneur, autant qu'à vous, peut-être.
Je vois dans ce héros le plus grand des humains;
Je le chéris autant que je hais les Romains.

Vous-même avez nourri l'amitié qui nous lie.
Il est dans le malheur, il n'a plus de patrie;
De tant d'amis, hélas, un seul lui reste encor:
Moi seul, dans l'univers, m'intéresse à son sort;
Tout le reste à l'envi le poursuit et l'opprime.
Vous-même, qui portez un cœur si magnanime,
Vous, Seigneur, vous, sans lui, qui ne seriez plus roi;
Vous, vous, qui lui devez encore plus que moi,
Vous voudriez verser le sang de ce grand homme?
Vous voulez l'immoler à la haine de Rome?
Quoi! votre bienfaiteur, l'ami de votre fils,
L'appui de votre trône et de votre pays,
Cet illustre guerrier qui vous combla de gloire,
Prêt à voler pour vous encore à la victoire,
Qui vient de vous promettre encor tant de grandeur,
Vous l'assassineriez! justes Dieux! quelle horreur!
Songez donc que mon père est assis sur le trône:
Assez d'autres, seigneur, ont souillé leur couronne.
Moi-même, jusqu'ici fils si respectueux,
Mais de tout temps ami fidèle et généreux,
Faut-il donc que je sois ou lâche, ou téméraire?
Si j'ai le cœur d'un fils, ayez l'ame d'un père....
Vous ne compterez point parmi les rois ingrats:
Viendriez-vous, seigneur, l'arracher de mes bras?

PRUSIAS.

A de tels sentimens j'aime à vous reconnaître.
Prince, ne craignez rien d'un père ni d'un maître.
Volez vers Annibal; qu'il ordonne aux soldats.
Je ne le retiens plus: qu'il revole aux combats.
Allez.

NICOMÈDE.

J'y cours, seigneur, le cœur ivre de joie.

SCÈNE V.

PRUSIAS, STOSAS.

PRUSIAS.

Avec quelle fierté son ame se déploie !
Cher Stosas, je commence à connaître mon fils :
C'est le plus dangereux de tous mes ennemis.
Respecta-t-il jamais ma volonté suprême ?
Que sert donc à mon front le sacré diadème,
S'il faut que des sujets bornent ma volonté?
Quel exemple à laisser à la postérité !
N'imitons pas ces rois que le faste environne,
Et qui bornant leur gloire à mourir sur le trône,
Pourvu que leur orgueil ait de quoi se nourrir,
Esclaves couronnés, ne savent qu'obéir.
Le sceptre ne fait pas les maîtres de la terre :
Non, les rois ne sont rois que par le caractère.
Annibal périra ; d'ailleurs, je l'ai promis :
Il m'a fait, dans Prusa, déjà trop d'ennemis.
Pour qui sont aujourd'hui les vœux, l'encens, l'hommage ?
On n'entend que vanter le héros de Carthage.
Que ferait-on de plus, pour flatter son orgueil,
S'il comptait pour aïeux trente rois au cercueil ?
Quand il triompherait et me soumettrait Rome,
Un monarque est toujours ombrageux d'un grand homme.
Me pourrais-je d'ailleurs parer de ses lauriers ?
Ce n'est que pour leurs fronts qu'en cueillent les guerriers.
S'ils triomphent pour nous, au champ de la victoire,
Nous en avons le fruit, mais ils en ont la gloire ;
Et leurs noms, en volant à la postérité,
Ne répandent sur nous que plus d'obscurité.
Eh! pourquoi donc porter la guerre en Italie ?
Quels sont les maux que Rome a faits à ma patrie ?

Pourquoi des flots de sang seraient-ils répandus ?
La victoire souvent n'est qu'un crime de plus.
Je ne sais point me plaire au milieu du carnage,
Ni du sang des mortels repaître mon courage.
Le bonheur de mon peuple est tout ce que je veux,
Et c'est par là qu'un roi doit être glorieux.

FIN DU PREMIER ACTE.

ACTE DEUXIÈME.

SCÈNE PREMIÈRE.

SCIPION, FLAMMINIUS.

FLAMMINIUS.

Prusias arme enfin le héros de Carthage.

SCIPION.

Eh bien ! Flamminius, il sert votre courage
Qui va se signaler par de nouveaux exploits,
Et venger votre père une seconde fois.

FLAMMINIUS.

Je n'ai point oublié, seigneur, que ce grand homme
Mourut en défendant la liberté de Rome ;
Qu'Annibal, un barbare, en a privé mon cœur ;
Que mon père au tombeau me demande un vengeur.
Mais, s'il faut l'avouer, je redoute la guerre :
Nous tenons sous nos lois la moitié de la terre ;
Cent peuples aujourd'hui nous paraissent soumis,
Et qui sont, en secret, nos plus grands ennemis.
L'esclave, en attendant le jour de la vengeance,
Semble chérir ses fers et conspire en silence :
Au seul nom d'Annibal ils se lèveront tous,
Et sous ses étendards viendront fondre sur nous.
Lui-même le prédit, et Rome, ma patrie,
Semble déjà le voir au sein de l'Italie.
Il ne nous inspira jamais plus de terreur :
Déjà chacun se croit en proie à sa fureur.

Il ne fut qu'un seul jour trahi par la victoire ;
Qui vous dit que rentré dans le champ de la gloire,
Il n'étonnera pas de nouveau les humains,
Et ne creusera pas le tombeau des Romains ?

SCIPION.

Le tombeau des Romains ? Incroyable langage !
Rome n'a plus, grands Dieux ! que la crainte en partage :
Elle voit Annibal aux pieds de ses remparts,
Les cœurs à son nom seul tremblent de toutes parts ;
Cent peuples vont s'armer, c'en est fait de l'empire.
Quels sont donc ces Romains que la terreur inspire ?
Suivraient-ils nos drapeaux dans les champs de l'honneur ?
Ont-ils dans les combats signalé leur valeur ?
Leur sang a-t-il souvent coulé pour la patrie ?
Etaient-ils à Ravenne, à Sagonte, à Trébie ?
Dites, ces citoyens, qu'ont-ils fait pour l'état ?
Sont-ils par leurs vertus parvenus au sénat ?
Ont-ils, chargés du poids des affaires publiques,
Mérité de nos mains des couronnes civiques ?
Rome peut, cependant, redouter les combats ;
Tout change, je la plains, mais je ne tremble pas.
Annibal serait-il un héros plus terrible,
Qu'il parte : je l'attends ; il n'est pas invincible.
Il suffit : Scipion a le cœur trop Romain
Pour trembler devant lui les armes à la main ;
Et j'aime mieux le voir encore aux pieds de Rome,
Que d'être, dans ces lieux, l'assassin d'un grand homme.

FLAMMINIUS.

Ce grand homme aujourd'hui par nos mains doit périr ;
Rome le veut, seigneur, c'est à nous d'obéir.
N'écouteriez-vous plus la voix de la patrie ?

SCIPION.

Rome de Scipion sera toujours chérie.
Mon sang pour elle encore est tout prêt à couler ;
S'il faut vaincre ou mourir, Rome, tu peux parler.
Mais flétrir mes lauriers, mais souiller ma mémoire,
Imprimer à mon nom une tache aussi noire,
Jamais. Rome, sénat, daignez me pardonner ;
Je puis vaincre Annibal, mais non l'assassiner.

FLAMMINIUS.

Quand le danger, seigneur, menace la patrie,
On ne demande point ce qu'on lui sacrifie.
Elle a des droits, surtout au cœur de ses guerriers ;
Et le héros lui doit jusques à ses lauriers.
Mais, après tout enfin, quel est donc ce grand crime ?
Que nous demande-t-on ? le sang d'une victime,
Qui ne sait qu'enfanter des projets criminels,
Qui ne peut se nourrir que du sang des mortels,
Qui menaça trente ans Rome de l'esclavage,
Qui ne se plut jamais qu'au milieu du carnage.

SCIPION.

Nous devons bien tenir ce langage aujourd'hui !
Nous sommes mille fois plus barbares que lui.
Après que la fortune eut trahi son courage,
En père, il réparait les malheurs de Carthage ;
Aussi grand dans la paix que terrible au combat,
Son pays dans ses mains reprenait son éclat ;
Rome en eut de l'ombrage ; elle le fit proscrire :
Bientôt, je n'aurais pas besoin de vous le dire,
Vous savez qu'à la cour d'un lâche souverain.....
J'en rougirai toujours pour le peuple Romain.
Quoi ! nous ne voulons pas qu'il défende sa vie ?
Quoi ! nous ne voulons pas qu'il serve sa patrie ?

A de tels sentimens, je ne reconnais plus
Ces Romains, successeurs des Dèce, des Brutus.
Après tant de grandeur, Rome changerait-elle ?
Rome! tremble, en effet, si ta vertu chancelle!

FLAMMINIUS.

Rome! Rome est encor ce qu'elle fut toujours,
Et Rome n'aime pas de semblables discours.
Rome de ses enfans ne veut qu'être obéie,
Et l'outrage toujours déplaît à la patrie.

SCIPION.

Qui la flatte le moins, la sert souvent le mieux.

FLAMMINIUS.

Quand on la chérit bien, on répond à ses vœux.

SCIPION.

J'y réponds : je repousse un crime abominable.

FLAMMINIUS.

Ce crime sert l'état.

SCIPION.

Maxime épouvantable!

FLAMMINIUS.

J'entends! Il vaudrait mieux immoler son pays,
Rappeler sous nos murs encor nos ennemis!

SCIPION.

J'y consens, je me rends à votre politique :
Par ce grand coup d'état sauvons la république.
Mais ce péril passé, quelque autre renaîtra,
Quelque Annibal encor bientôt reparaîtra.
Dans ce nouveau danger, que faudra-t-il donc faire ?
Par un assassinat finir encor la guerre ?
Mais sans cesse, à nos yeux, ils se multiplieront,
Et l'or et le poison bientôt nous manqueront.

Repoussons, croyez-moi, ces indignes alarmes;
Et doutons un peu moins du succès de nos armes.
On répare en un jour les maux de cent combats:
L'opprobre est un malheur qu'on ne répare pas.

SCÈNE II.

PRUSIAS, FLAMMINIUS, SCIPION, STOSAS.

FLAMMINIUS.

Le sénat a parlé, seigneur, et, par moi-même,
Il vous fait annoncer sa volonté suprême.
Consultez-vous enfin, pesez vos intérêts :
Vous savez à quel prix il vous offre la paix.
Vous allez décider du sort de votre empire :
Un mot peut le sauver, un mot peut le détruire.
Je ne vous dirai point ce que sont les Romains,
Tout roi tient aujourd'hui son sceptre de leurs mains.
Maîtres de l'univers, malheur à qui les brave !
Qui n'en est pas l'ami, bientôt en est l'esclave.

PRUSIAS.

Un orgueil moins superbe, un discours moins hautain,
M'inspirerait, seigneur, pour ce peuple romain,
Plus de respect encor, plus de crainte, peut-être;
Et j'ai trop de fierté pour supporter un maître.
Mais je sens, comme vous, tout le prix de la paix :
Les Dieux, l'humanité, nos communs intérêts,
Tout, seigneur, à grands cris l'appelle sur la terre.
Annibal est l'objet d'une sanglante guerre;
Les Dieux à Prusias ont confié son sort :
Pour complaire aux Romains, je l'envoie à la mort.

SCIPION.

Votre hôte, votre ami, le vainqueur de Trébie!
Ce héros dont le bras sauva votre patrie?

PRUSIAS.

Qu'ai-je entendu, seigneur? et que veut Rome enfin?
Croit-elle impunément braver un souverain?
Vous a-t-elle, en venant m'offrir son alliance,
Chargé de me traiter avec cette insolence?
Allez! mes yeux enfin viennent de s'éclairer,
Le sénat veut la guerre : il peut s'y préparer.

SCIPION.

Le sénat, il est vrai, non le peuple de Rome,
Vous a fait demander la tête d'un grand homme :
J'en ai même reçu l'étrange mission;
Mais c'est pour le sauver qu'est venu Scipion.
J'ai cru trouver en vous un prince magnanime,
Dont l'ame avec horreur repousserait ce crime.
Vous avez préféré l'amitié du sénat;
Vous vouliez l'acheter par un assassinat.
J'admirais en cela votre sage prudence;
Mais c'était payer cher, seigneur, une alliance.
Cet amour pour la paix qui l'avait emporté,
Eût excité l'horreur de la postérité.
Vous prenez maintenant le parti de la guerre :
Il est plus glorieux, s'il est moins salutaire.
Qu'est-ce, après tout, qu'un roi qui manque de valeur?
Si vous devez tomber, tombez avec grandeur.
Le trône a des attraits faciles à comprendre;
Mais pour le roi qui sait noblement en descendre,
C'est un malheur encor possible à supporter :
L'opprobre est le seul poids qu'on ne saurait porter.

PRUSIAS.

En livrant à la mort une illustre victime,
Je devenais ingrat, je me souillais d'un crime.

Je le savais, seigneur; mais j'ai cru que mes mains
Pouvaient verser un sang agréable aux Romains;
Je pensais, en un mot, comme la république,
Que le crime s'allie avec la politique.
N'y voyons, j'y consens, qu'un lâche assassinat;
Mais, qui doit en rougir, si ce n'est le sénat?
Qui donc a soif ici du sang de ce grand homme?
Est-ce donc moi qui tremble? On ne tremble qu'à Rome.
Rome a raison : allez dire au sénat romain
Qu'Annibal est encor les armes à la main.

SCÈNE III.

SCIPION, FLAMMINIUS.

FLAMMINIUS.

Voilà donc votre ouvrage! et vous oserez dire
Que vous ne consultez que l'honneur de l'empire!
Je pénètre trop bien vos coupables projets :
La soif de commander vous fait haïr la paix.
Vous n'êtes pas encore assez ivre de gloire;
Votre orgueil a besoin encor d'une victoire;
Et, surtout, il vous faut un illustre rival :
Devant un Scipion, il faut un Annibal!
Voilà ce qui vous rend cet attentat horrible :
Notre ame suit toujours sa pente irrésistible.

SCÈNE IV.

SCIPION, *seul.*

Vil et lâche assassin! Qu'il me cause d'horreur!
Oui, barbare! je suis la pente de mon cœur.
Souille-toi, si tu veux, du sang de ta victime :
Les Dieux seraient ici pour m'ordonner ce crime,
Je n'obéirais pas à leur puissante voix.
Scipion, de l'honneur suivons toujours les lois.

Il faut à ces cruels arracher ce grand homme,
Et, le cœur encor pur, revoir les murs de Rome.
Et Rome!... vers le crime elle a fait un grand pas :
On punit les vertus qu'on ne partage pas.
Scipion! Scipion! non, que rien ne t'arrête :
Dût ton ingrat pays faire tomber ta tête,
Ne trahis pas ton cœur, soit toujours généreux :
Que craint-on des mortels, quand on est sûr des Dieux!
Si je crains, c'est pour toi, Rome, chère patrie!
Tout mon sang t'appartient, tu peux prendre ma vie;
Mais conserve ces mœurs, cet amour des vertus,
Héritage sacré de l'immortel Brutus.
Grands Dieux! serait-il vrai ce qu'on ose prédire?
Quel est ce livre affreux où je tremble de lire?...
Je vois Rome arrachée à l'empire des lois,
Méconnaissant ses Dieux, méconnaissant ses droits,
Se livrant lâchement à des mains inhumaines,
Baisant avec respect les plus honteuses chaînes,
Contre elle-même un jour tournant ses propres mains,
Des Romains se baignant dans le sang des Romains,
Et les cœurs fatigués de crimes, de carnage,
Envier le destin de la triste Carthage!
Dieux! détournez de moi ces présages affreux!
Veillez toujours sur Rome, et toujours à mes yeux
Offrez-la glorieuse, en grands hommes féconde,
Triomphante aux combats, libre et reine du monde!

SCÈNE V.

ANNIBAL, SCIPION.

ANNIBAL.

Je me défends en vain de mon émotion :
Je tressaille, seigneur, en voyant Scipion.

Mon ame devant lui s'était déjà trahie :
Vous sortiez de l'Espagne et moi de l'Italie ;
La gloire était alors presque égale entre nous,
Et mon front fit la même impression sur vous.
Les temps sont bien changés : Zama, ce jour terrible,
Ne rappelle pour moi qu'un souvenir pénible ;
Mais si vous l'emportez par la prospérité,
Vous n'avez pas encor connu l'adversité.
Cependant, nous allons nous trouver en présence :
Nous allons mesurer encor notre vaillance.
Mais si l'espoir pénètre aisément dans nos cœurs,
J'en goûte sans orgueil les trompeuses douceurs.
Je puis être vaincu, comme vous pouvez l'être :
Je m'en remets au sort, notre invincible maître.
J'attends son juste arrêt, et l'attends sans effroi :
S'il n'a pas épuisé ses rigueurs contre moi,
S'il vous réserve encor l'honneur de la victoire,
Il me reste celui d'avoir fait votre gloire ;
Et mon nom, recueilli par la postérité,
Vole, à côté du vôtre, à l'immortalité.

SCIPION.

Si nos noms jusque là parviennent l'un et l'autre,
Le mien n'y brillera que de l'éclat du vôtre,
Seigneur ; et si je fus le vainqueur d'Annibal,
L'honneur qui m'en revient fut d'être son rival.
Je n'acquis contre vous qu'une gloire commune :
Vous eûtes l'art pour vous, j'eus pour moi la fortune.
Zama fit tout pour Rome et pour votre grandeur :
Il manque à mes lauriers les leçons du malheur.
Cependant votre cœur, toujours plein de courage,
Entreprend de venger les malheurs de Carthage.
J'en ressens quelque orgueil pour mon noble pays :
Il faut, pour sa grandeur, de pareils ennemis.

Si pourtant, de la paix plaidant ici la cause,
J'osais.... N'est-il pas temps que le fer se repose?
Faut-il ensanglanter la terre de nouveau?
Déjà trop de héros, seigneur, sont au tombeau.

ANNIBAL.

Voilà des vrais héros le noble caractère!
Qui connaît, mieux que nous, les horreurs de la guerre?
Quand on a vu couler tant de sang et de pleurs,
Qui peut, sans en frémir, penser à tant d'horreurs?
Mais si la paix doit être un honteux esclavage,
S'il faut goûter la paix que respire Carthage,
J'entends tous ces héros qui sont dans le tombeau,
Seigneur; ensanglantons la terre de nouveau.
Puisqu'enfin il est temps que le fer se repose,
Quelle est donc cette paix que Rome me propose?
Elle est digne, sans doute, et de Rome et de moi:
Elle ne prétend pas dicter ici la loi.
Ce superbe sénat, ces fiers tyrans du Tibre,
Consentent-ils enfin que l'univers soit libre?
Sont-ils las d'opprimer les peuples et les rois?
Allons-nous respirer à l'ombre de nos lois?
Sommes-nous délivrés du meurtre, du pillage,
Et n'est-il plus enfin de Romains dans Carthage?

SCIPION.

Les peuples et les rois, jaloux du nom romain,
Entraînés aux combats par un fatal destin,
Ont subi tour à tour le joug de la victoire:
Le monde nous coûta quatre siècles de gloire.
Il nous fallait donner ou recevoir des fers,
Et Carthage en tombant ébranla l'univers.
Mais si Rome du monde a fait fléchir la tête,
Rome au monde, du moins, fait chérir sa conquête.

Nos plus grands ennemis, ces fiers Carthaginois,
Qu'illustrent vos revers autant que vos exploits,
Mais qu'ont enfin soumis les phalanges romaines,
Se plaignent-ils à vous du fardeau de leurs chaînes?
Ont-ils jamais été plus heureux, plus contens!
Ont-ils jamais eu moins de maîtres, de tyrans?
Le joug de toutes parts n'est-il pas volontaire?
Rome n'a-t-elle pas partout des yeux de mère?
Si parfois le sénat, déployant sa fierté,...

ANNIBAL.

Parlez : je vous écoute avec tranquillité.

SCIPION.

Si le sénat, dictant sa volonté suprême,
Humilia par fois l'orgueil du diadême,
Il respecta, du moins, les peuples et les lois,
Au char triomphateur on ne vit que des rois;
Magnanime, clément, sa sagesse profonde,
Le rend digne, en effet, de gouverner le monde.

ANNIBAL.

J'ai les yeux trop ouverts sur le peuple romain,
Pour ne pas voir les fers qu'il forge au genre humain;
Mais ne nous vantez pas la douceur de vos chaînes,
Et respectez, du moins, des ames citoyennes,
Qui portent, sous le poids de tant d'adversité,
Le deuil de la patrie et de la liberté.
Le monde, dites-vous, chérit son esclavage.
Sans doute on voit partout des ames sans courage,
S'humilier aux pieds de leurs vils oppresseurs :
Puisqu'il est des tyrans, il faut bien des flatteurs;
Mais voyez en Afrique et surtout en Asie :
Qu'y dit-on du sénat et de sa tyrannie?

Interrogez l'Ibère et tant d'autres pays,
Interrogez ces rois, objets de vos mépris,
Vous ne verrez partout que plaintes, que murmures,
Des esclaves tremblans, des chaînes, des tortures,
D'avides proconsuls imprimant la terreur :
Quel peuple a des tyrans, et n'en a pas horreur !

SCIPION.

Ce langage outrageant, que vous dicte la haine !...
Je me tais.... par respect pour la grandeur romaine.

ANNIBAL.

Vous appelez grandeur le despotisme affreux,
L'insolente fierté d'un sénat orgueilleux,
Cette soif d'opprimer toujours insatiable :
Voilà cette grandeur ; mais elle est périssable.
Pour vous, comme pour moi, les exemples sont grands :
Voyez combien déjà sont tombés de tyrans !

SCIPION.

J'ai vu surtout, seigneur, j'ai vu tomber Carthage ;
J'ai vu des rois traîner les fers de l'esclavage ;
J'ai vu Rome à son joug attacher l'univers...

ANNIBAL.

Rome ! c'est donc à toi de recevoir des fers !

SCIPION.

J'ignore le destin dont elle est menacée :
Carthage m'est toujours présente à la pensée.
Rome, Rome à son tour peut tomber sous vos coups ;
Tout est possible au bras d'un héros tel que vous.
Eussiez-vous moins encor de gloire et de vaillance,
On a toujours du sort à craindre l'inconstance.
Mais là, seigneur, encor est le soldat romain ;
Je sais trop ce qu'il est, les armes à la main,

Pour penser qu'il vous cède aisément la victoire :
Zama n'est pas encor sorti de sa mémoire.
Vous ne connaissez pas encor vos ennemis ;
Non, jamais les Romains ne seront asservis.
Ils ont trop dans le cœur l'horreur de l'esclavage.
Calmes dans les périls, certains de leur courage,
Confians dans le sort, bravant l'adversité,
Pleins d'amour pour la gloire et pour la liberté,
Leurs biens, leurs jours, leur sang, tout est à la patrie,
Et pour sauver des fers cette mère chérie,
Vous verrez disputer la victoire à vos mains,
Jusqu'au dernier soupir du dernier des Romains !

ANNIBAL.

Je connais les Romains ; je connais leur courage :
Je n'ai pas oublié qu'ils ont vaincu Carthage.
Mais cette noble ardeur dont ils sont enflammés,
Pensez-vous que leurs cœurs en soient seuls animés ?
Pensez-vous donc qu'au sein de la seule Italie,
La nature ait gravé l'amour de la patrie ?
Elle a mieux partagé de si nobles faveurs ;
Le cri de liberté fait battre tous les cœurs.
Il est temps que le monde à la fin s'affranchisse :
De mes camps citoyens que ce cri retentisse,
Vous en verrez soudain tressaillir l'univers ;
Malgré vous, vils tyrans, il secouera ses fers.
Déjà de toutes parts j'entends gronder l'orage :
C'est à moi de donner le signal du carnage ;
Et le glaive vengeur ne quittera nos mains,
Qu'il ne soit teint du sang du dernier des Romains.

SCIPION.

Laissons-le s'approcher ce menaçant orage,
Et conservons toujours un tranquille courage ;

Puisqu'il se lève enfin et qu'il est las des fers,
Qu'il s'avance, seigneur, Rome attend l'univers.

ANNIBAL.

Parais, ô liberté! sors de ta nuit profonde!
Fais tomber à tes pieds les oppresseurs du monde.

SCIPION.

Rome a des bras encor.

ANNIBAL.

Mais, où sont ses vertus?
Elle n'est plus au temps des Déce, des Brutus.
Elle était grande alors; elle était invincible;
Elle prévint Pyrrhus d'un attentat horrible.

SCIPION.

Les Romains d'aujourd'hui sont-ils donc des bourreaux?

ANNIBAL.

Rome a des assassins, et parmi ses héros.

SCIPION.

Ah! c'est trop à la fin outrager ma patrie.

ANNIBAL.

Scipion, ici même on attente à ma vie.
Oui! l'on doit me plonger un poignard dans le cœur:
On dit même, l'on dit!...... Vous pâlissez, seigneur?

SCIPION.

Vous me soupçonneriez?......

ANNIBAL.

Mais pourquoi ce silence?

SCIPION.

On ose à Scipion faire une telle offense?
Moi je viendrais ici pour vous assassiner?

ANNIBAL.

Mais cependant le roi vient de vous pardonner.

SCIPION.

Prusias ? Si quelqu'un attente à votre vie !......
Je ne suis pas, seigneur, le roi de Bithynie.

SCÈNE VI.

ANNIBAL, *seul.*

N'en doutons plus : la mort me menace en ces lieux ;
Le péril maintenant est visible à mes yeux.
Scipion en sortant me fait trop bien comprendre,
Contre mes jours encor que l'on ose entreprendre.
Il a cruellement blessé le cœur du roi :
Un mot s'est du tyran échappé devant moi !......
Flamminius et lui semblent d'intelligence.
Ne paraissaient-ils pas gênés de ma présence ?
D'ailleurs Flamminius se trouve en cette cour ;
Il n'a d'autres desseins que de m'ôter le jour.
C'est à ce noir complot que Scipion s'oppose ;
Ce qu'il m'a dit ne peut vouloir dire autre chose :
Toujours grand, toujours noble, en guerrier généreux,
Il défend du poignard un rival malheureux.
Il appartient toujours à l'ame magnanime
De défendre un héros que le destin opprime.
  Annibal, que dis-tu ? Toi louer un Romain ?
Scipion n'est-il point lui-même un assassin ?
Quel intérêt a-t-il à défendre ma vie ?
Il sait combien je fus fatal à sa patrie.
  Si je faisais pourtant injure à mon vainqueur :
Le crime n'entre point dans un aussi grand cœur.
Fuyez, lâches soupçons ! Respect à ce grand homme !
Il est si noble, il est...... il est enfant de Rome.
Vils Romains, vils tyrans, voilà bien de vos coups.
Moi seul je vous fais donc encore trembler tous ;

Et que serait-ce donc si, vous tenant parole,
Je campais dans trois mois aux pieds du Capitole?
Attendez!...... J'aperçois le fils de Prusias.

SCÈNE VII.

ANNIBAL, NICOMÈDE.

ANNIBAL.

Eh bien! prince, est-il temps de marcher au trépas?
Nous faut-il renoncer aux combats, à la gloire?
Avons-nous vainement préparé la victoire?
Foule-t-on à ses pieds le plus sacré des droits?
Faut-il nous embrasser pour la dernière fois?

NICOMÈDE.

Qu'il est des jours cruels et des momens terribles!
Qu'il est des cœurs heureux d'être nés insensibles!
Qui peuvent contempler le crime sans frémir:
La vertu jusqu'ici ne m'apprit qu'à gémir.
Dis-tu vrai, Scipion? S'il se trompait encore!......
S'il osait outrager un père que j'adore!

ANNIBAL.

Que fait Flamminius?

NICOMÈDE.

Il est auprès du roi.

ANNIBAL.

Scipion à vos yeux n'est pas digne de foi?

NICOMÈDE.

Hé! quel mortel peut-on se flatter de connaître?

ANNIBAL.

Que pensez-vous du roi?

NICOMÈDE.

C'est mon père et mon maître.

ANNIBAL.

Si ce maître n'était qu'un ingrat, un cruel,
Que feriez-vous, seigneur?

NICOMÈDE.

Je le demande au ciel.

ANNIBAL.

J'en dis trop, en effet : seigneur, c'est votre père.
Il demande mon sang; il faut le satisfaire :
Je ne suis qu'un proscrit que poursuit le destin;
Accomplissons les vœux de l'empire romain.

NICOMÈDE.

Moi vous abandonner? Quelle pensée affreuse!
Quoi! vous me croyez l'ame assez peu généreuse,
Pour souffrir qu'on immole Annibal à mes yeux?
Je ne sais quel arrêt est écrit dans les cieux;
Mais il me reste encore des amis, du courage,
Et nous verrons sur qui retombera l'orage.
Rassurez-vous, ami : qu'ils viennent vos bourreaux
Aux bras de Nicomède arracher un héros.

ANNIBAL.

Vous tremblez pour l'ami; vous ne voyez que l'homme.
Moins de crainte pour moi, plus de haine pour Rome.
La mort n'est rien, mon fils, c'est l'heure du repos.
Et que suis-je, après tout? qu'un soldat, un héros.
Ah! prince, frémissez! mais pour la Bithynie;
On retrouve un ami, jamais une patrie;
Jamais : je l'ai trop su dans mon adversité;
Vous n'avez pas encor pleuré la liberté.
Prince! en de tels périls il faut un grand courage :
Ayez toujours présent le destin de Carthage.
Je vous ferai bientôt part de quelque dessein
Dont vous verrez trembler tout l'empire romain.

FIN DU DEUXIÈME ACTE.

ACTE TROISIÈME.

SCÈNE PREMIÈRE.

ANNIBAL, ADHEMAR.

ADHÉMAR.

Croyez-moi, cher ami, cherchons un autre asile.

ANNIBAL.

Non, te dis-je, Adhémar, ce soin est inutile.
Il ne m'importe pas de vivre en sûreté,
Mais de vivre où je puis servir la liberté,
Ton malheureux pays, l'univers, ma vengeance :
Je hais trop les Romains pour perdre l'espérance.

ADHÉMAR.

Que faites-vous ? Tremblez !

ANNIBAL.

Moi trembler, Adhémar ?
Vis-tu jamais trembler les enfans d'Amilcar ?
Cher et fidèle ami, je connais ta vaillance ;
Mais nos ames surtout ont besoin de constance :
C'est cette arme qu'il faut opposer aux tyrans.
A la patrie encore il reste des enfans.
Laissons là ces soupirs, ces craintes et ces larmes ;
Que nous en revient-il ? Du courage et des armes,
Et nous triompherons de notre adversité :
Les tyrans périront, jamais la liberté.

ADHÉMAR.

Les Dieux sont contre vous.

ANNIBAL.

Quoi! mon illustre père
Aurait marqué mon bras pour délivrer la terre;
A la face des Dieux, j'aurais, par des sermens,
Juré d'exterminer un peuple de tyrans;
Les Romains, moi vivant, oppimeraient Carthage,
On subirait partout un horrible esclavage,
Et tu condamnerais Annibal au repos?
Dans le palais des rois, que faisait ce héros?
Dirait-on. Je le sens, je tiens mal ma parole:
Ne devrais-je pas être aux pieds du Capitole?
Retourne vers Thénus; qu'il apprenne aux soldats
Que je suis en danger auprès de Prusias;
Qu'après avoir deux fois sauvé la Bithynie,
Il a la cruauté d'attenter à ma vie.
Dis qu'il a bien encor de plus lâches desseins,
Qu'il veut aussi livrer Nicomède aux Romains.
Au généreux Phorbas tiens le même langage:
Il t'entendront assez: n'en dis pas d'avantage;
Et quand de bouche en bouche aura volé ce bruit,
Reviens me dire ici quel effet il produit.

SCÈNE II.

ANNIBAL *seul.*

Je ne me trompais point, l'assassin de Syrie
Demande sa victime au roi de Bithynie;
Et ce roi qui me doit la vie et ses états,
Plus lâche encor que lui, ne la refuse pas.
Je pardonne aux Romains. Ils ont raison, peut-être.
Je suis leur ennemi; mais cet ingrat, ce traître,

Prusias de mon sang vouloir rougir ses mains ?
Voilà donc ce qu'il faut attendre des humains ?
Annibal, le vainqueur de Cannes, de Trébie,
Se voit cruellement chasser de sa patrie ;
Les peuples et les rois dont il fut le vengeur
Devraient tendre du moins la main à son malheur.
Non, les peuples, les rois, les Dieux, tout l'abandonne.
Errant de cour en cour, je ne vois sur le trône
Que des tyrans sans foi, que des rois assassins.
Oui, je les confondrai, vos criminels desseins.
Je t'écoute, Amilcar ; je t'écoute, ma haine.
Quand il faut écraser la puissance romaine,
Immoler tant d'orgueil et briser tant de fers,
Peut-on mettre en balance un trône et l'univers ?
Ah ! surtout c'est pour toi, pour toi, chère patrie !
Quoi ! je te laisserais dans cette ignominie ?
Je laisserais en paix tes cruels oppresseurs ?
Non, non, chère Carthage, il te faut des vengeurs.
Toi qui donnas des lois, qui fus si glorieuse,
Je ne te verrais plus qu'esclave, malheureuse,
Condamnée à gémir sous le joug des tyrans ?
Ils entendront ma voix tes généreux enfans ;
Tes drapeaux reverront encore la victoire,
Tu seras pleine encor de grandeur et de gloire.
Apprends, apprends au monde, à la postérité,
Ce que peuvent des cœurs faits pour la liberté.
Le voilà, ce tyran. *(Il sort.)*

SCÈNE III.

PRUSIAS, STOSAS.

STOSAS.

La prudence l'ordonne,
Immolez Annibal aux intérêts du trône,

Un nom si glorieux et si cher au soldat,
Peut l'égarer un jour et déchirer l'état.
N'êtes-vous pas déjà moins roi que ce grand homme?
Mais tout en le perdant, défiez-vous de Rome.
Combien de rois déjà gémissent dans ses fers.
Qui ne voit qu'elle veut asservir l'univers.
Je l'abhorre, seigneur.

PRUSIAS.

Je l'abhorre moi-même.
Le sang dont je suis né, l'orgueil du diadême
Me fait prendre en horreur le nom républicain.
Je voudrais voir périr jusqu'au dernier Romain.
Tout m'ombrage aujourd'hui, tout ce qui m'environne
Me semble un ennemi qui menace mon trône.
On ne m'obéit plus au gré de mes souhaits.
Je gouverne en tremblant un peuple que je hais,
Un peuple factieux, qui, m'abhorrant lui-même,
S'indigne de me voir la puissance suprême.
Mais enfin, je suis né pour lui donner des lois,
Et l'on se plaît toujours sur le trône des rois.
Non que notre destin soit si digne d'envie.
Déjà que de tourmens ont assiégé ma vie.
Qu'importe, jusqu'ici j'ai su les dévorer;
Mais j'ai souffert tous ceux que l'on peut endurer.
Peuple ingrat, chaque jour j'apprends à te connaître.
Peut-être un jour aussi tu connaîtras ton maître;
Tu sauras, si jamais tu lasses sa bonté,
Ce qu'est le cœur d'un roi quand il est irrité.

STOSAS.

Que tardez-vous, seigneur, à vous faire justice!
Ne vous voyez-vous pas au bord du précipice?
Que ce proscrit....

PRUSIAS.

Tes yeux l'ont vu comme les miens.
Il se montre un moment, soldats et citoyens,
Tout se range, se presse autour de sa personne.
Quel respect! quel amour! quel mépris pour le trône!
Et de vos rois encor vous vous plaindrez, ingrats?
Si nous sommes tyrans, ne le voulez-vous pas?
Eh bien! Flamminius va-t-il bientôt paraître?
Sa main est-elle prête à me venger d'un traître?
Elle est habituée à porter de tels coups.
Pourquoi ne vient-il pas?

STOSAS.

Il s'avance vers vous.

SCÈNE IV.

PRUSIAS, FLAMMINIUS, STOSAS.

FLAMMINIUS.

Attendez du sénat une prompte justice.
Le perfide ne peut échapper au supplice.
Il rougirait, dit-il, du sang de son rival,
Et contre sa patrie il appelle Annibal.
Le traître ne voit pas, en lui laissant la vie,
Quels maux vont accabler Rome et la Bithynie;
Que l'un et l'autre peuple a besoin de la paix,
Et qu'avec Annibal nous ne l'aurons jamais.

PRUSIAS.

Dans une heure Annibal aura cessé de vivre.
Il est temps en effet que le fer m'en délivre.
Son aspect me devient chaque jour importun.
Je vais sacrifier notre ennemi commun,
Seigneur, et tout est prêt pour frapper la victime.
Vous-même déployez l'ardeur qui vous anime.

Disposez votre bras : aussitôt le signal
Dans son coupable sein portez le coup fatal.

SCÈNE V.

FLAMMINIUS, *seul.*

Je vais donc, en vengeant mon trop malheureux père,
Assurer aux Romains l'empire de la terre.
Leur terrible ennemi va tomber sous mes coups.
Quelle gloire pour moi ! quelle douceur pour vous,
Romains ! je vais frapper. Que me voudrais-tu dire,
Vertu ? n'est-il pas temps que le barbare expire ?
Quel serait donc mon crime ? Était-il plus humain
Quand du sang de mon père il rougissait sa main ?
Quand son bras moissonnait, aux bords de la Trébie,
Tant d'illustres Romains, l'honneur de ma patrie ?
Que me reproche-t-on ? Je venge mon pays ;
J'immole le plus grand de tous ses ennemis.
Mon cœur interrogé dans l'ardeur qui m'anime,
N'entend que la patrie et non la voix du crime.
Scipion vainement combat en ta faveur,
Annibal : cette main te percera le cœur.
Sa haine t'eût été peut-être moins funeste :
Je le hais encor plus que je ne te déteste ;
Et le seul intérêt qu'il témoigne à ton sort,
Est un second arrêt qui te donne la mort.

SCÈNE VI.

ANNIBAL, NICOMÈDE, FLAMMINIUS.

NICOMÈDE.

Je vous ai cru parti, seigneur, et je m'étonne
Que vous suiviez si mal les avis qu'on vous donne.

FLAMMINIUS.

Qui m'a donc fait, seigneur, connaître cet avis?
Le roi me l'a-t-il dit?

NICOMÈDE.

Eh bien! je vous le dis.
Si vous connaissiez mieux l'intérêt de l'empire
Vous n'auriez pas besoin de vous le faire dire.
Député tout ensemble et consul des Romains,
Ne leur devez-vous pas compte de nos desseins?
Ne savez-vous donc pas qu'absent de l'Italie
Vous la privez d'un bras utile à la patrie?
Que dis-je? Scipion, sa gloire, son héros,
Quand Rome va combattre est loin de ses drapeaux?
Pourquoi? Que font ici ces deux grands capitaines,
Et qui commandera les phalanges romaines?

FLAMMINIUS.

Scipion l'Africain ne fuit point lés combats,
Et mon pays toujours peut compter sur mon bras
Sachez-le : s'il nous reste à cueillir quelque gloire,
Nous serons à nos rangs le jour de la victoire.
Quand nous serions d'ailleurs privés de cet honneur,
Tant d'autres y seraient et pour votre malheur.
Soyez moins inquiet des phalanges romaines.
Rome ne manque pas encor de capitaines
Qui sauront soutenir l'honneur de nos drapeaux.
Jamais la liberté n'a manqué de héros.

(Il sort.)

SCÈNE VII.

NICOMÈDE, ANNIBAL.

NICOMÈDE.

Téméraire! *(à part)* Grands Dieux! veillez sur ce grand homme.
Que je suis agité. Que me veut-il?

ANNIBAL *(à part)*.

O Rome!

Quand le destin, seigneur, me conduisit vers vous;
Quand Eumènes vaincu fuyait devant mes coups,
Que de votre pays je relevais la gloire
Et sous vos étendards ramenais la victoire,
Je ne m'attendais pas à trouver dans ces lieux
Un roi si peu sensible et si peu généreux,
Qu'en prodiguant mon sang pour le rasseoir au trône,
Il paierait d'un forfait le prix d'une couronne.
Elevé loin des cours, je l'avouerai, seigneur,
Je croyais dans les rois trouver plus de grandeur;
Je croyais avec eux, soutiens de l'innocence,
Que la vertu toujours avait sa récompense.
Je le dis à regret, je les ai mal connus :
Je les ai vus partout ennemi des vertus.
Prusias, justes Dieux! veut m'arracher la vie!
Le cruel ne sait pas l'ami qu'il sacrifie.
Si sa fureur encor ne dût frapper que moi;
Mais Rome a l'œil sur vous, et je crains tout d'un roi
Qui sur son front coupable imprima le parjure.
Son cœur n'a pas toujours écouté la nature;
Si Rome en forme un jour le criminel dessein,
Votre sang rougira sa parricide main.
Je ne sais de quel œil le peuple voit un maître
Qui se montre, seigneur, si peu digne de l'être;
Qui, docile instrument d'un ennemi pervers,
Lui-même s'asservit pour lui donner des fers.
C'est un roi citoyen que le trône demande :
Un desposte le souille, il faut qu'il en descende.
Prince, à la Bithynie il faut un autre roi,
Et vous êtes celui qu'elle proclame.

NICOMÈDE.

Moi?

Que me proposez-vous ? Que ce discours m'étonne.

ANNIBAL.

A cette heure, à l'instant il faut monter au trône ;
Il vous attend, seigneur : portez-y vos vertus

NICOMÈDE.

Trahir les droits du sang ?

ANNIBAL.

Mettez-vous au dessus.
Aux peuples, désormais, il faut d'autres maximes :
L'intérêt de l'état fait les rois légitimes.
Si le sceptre est pour eux un trop pesant fardeau,
S'ils font notre malheur, sous un titre si beau,
Méconnaissent nos vœux, trahissent la patrie,
Nourrissent leur orgueil de notre ignominie,
Entre le trône et nous il n'est plus de liens :
Les tyrans sont toujours sujets des citoyens.

NICOMÈDE.

Mais il est devoirs que la nature impose.

ANNIBAL.

Nicomède, sur vous l'univers se repose ;
L'univers de vos mains attend la liberté.
Vous voulez un chemin à l'immortalité,
Marchez, et, tout à coup, révélant un grand homme,
Paraissez dans trois mois sous les remparts de Rome.
Marchons ! prince, marchons ! Déployons ces drapeaux
Qu'attend, si plein d'ardeur, tout un camp de héros !
Qui, nous, courber nos fronts ? Qui, nous, porter des chaînes ?
Vous font-elles trembler ces phalanges romaines
Qu'a vu fuir tant de fois mon bras victorieux ?
Effaçons de Zama le souvenir affreux.
Seront-ils sans vengeurs, ces guerriers magnanimes,
Qui, de la liberté déplorables victimes,

Sont tombés immortels sous les coups du destin?
Ah! leur ombre toujours gémira-t-elle en vain?
Est-ce ainsi qu'on prétend honorer leur vaillance?
C'est assez les pleurer : ils demandent vengeance!

NICOMÈDE.

Oui, nous devons venger leur glorieux trépas.
Je suis prêt comme vous pour ces sanglants combats :
Vous transportez en moi l'ardeur qui vous anime.
Mais ne parlez pas de me souiller d'un crime,
D'aller, traître à mon roi, montrer à mon pays,
Sous le bandeau royal, le front d'un mauvais fils.
Ce front peut être fait pour porter la couronne,
Mais qui peut l'usurper est indigne du trône.
Prusias est un traître, un parjure, un tyran?
Quoi! je serais son juge, et je suis son enfant?
Citoyen et soldat, je suis à ma patrie,
Mais je ne suis pas moins à l'auteur de ma vie.
Je leur dois même amour, même fidélité;
Ce chemin conduit mieux à l'immortalité.

ANNIBAL.

J'aime ce sentiment, ce noble caractère.
Ayez, ayez toujours cet amour pour un père.
Qui peut voir sans frémir le front d'un mauvais fils?
Mais avant tout, seigneur, on est à son pays.
Le cœur du citoyen n'admet point de partage,
Et de quelque côté que vienne l'esclavage,
Quand la patrie est chère au cœur de ses enfans,
On doit briser ses fers, quels que soient les tyrans.

NICOMÈDE.

Vous demandez, seigneur, un trop grand sacrifice.

ANNIBAL.

Nous laisserons l'état au bord du précipice?

Ses plus grands citoyens lui fermeront leurs cœurs?
Il criera vainement après des défenseurs?
Heureux qui sans gémir voit gémir sa patrie,
Heureux le cœur ingrat qui ne l'a point chérie,
Qui, rebelle à la gloire, insensible à l'honneur,
Se voit charger de fers, et le voit sans horreur!

NICOMÈDE.

J'aime la liberté, je hais la tyrannie,
Je brûle pour la gloire, et chéris ma patrie.
J'ai si peu fait encore. Auprès de votre nom
Qu'est-ce que ces lauriers que je vois sur mon front?
Rois et nous tous guerriers, qui parlons de courage,
Que sommes-nous auprès du héros de Carthage?
Qui pense à ses exploits, à ses vastes desseins,
Sans contempler en lui le plus grand des humains?
Mais, encore une fois, parlez : que faut-il faire?
Voulez-vous que je sois l'assassin de mon père?
Je ne puis autrement, seigneur, le détrôner :
Pour régner à sa place, il faut l'assassiner.

ANNIBAL.

L'assassiner? Frapper une telle victime?
Pousser un prince, un fils à commettre un tel crime?
Non, non, sa chute est seule utile à mes desseins :
Mon cœur n'eut jamais soif que du sang des Romains.
Ah! prince, lisez mieux au fond de ma pensée.
Je ne vous le tais pas, mon ame est oppressée;
Prusias veut ma mort, il doit m'être odieux;
Mais, tout cruel qu'il est, j'en atteste les Dieux,
Rome est l'unique objet qui m'irrite et m'enflamme.
Bonheur à l'univers, c'est le vœu de mon ame.
Elle est toute à l'honneur, toute à la liberté.
Oui si j'ai pu survivre à tant d'adversité,

Ce n'est que pour l'aimer, pour la servir encore.
Puissiez-vous l'adorer comme mon cœur l'adore ;
Puissiez-vous, l'ame en proie à ces transports brûlans,
Partager cette horreur que j'ai pour les tyrans.

NICOMÈDE.

Eh bien ! seigneur, eh bien.... ! moi détrôner un père ?
Il aurait le dépit et la douleur amère
De le perdre ce trône et de m'y voir assis ?
Il serait mon sujet, le sujet de son fils ?
Y pensez-vous, seigneur ? Jugez de sa souffrance.
Je ne pourrais jamais soutenir sa présence.

ANNIBAL.

Rome est debout, seigneur, et vous n'en parlèz pas.

NICOMÈDE.

Ah ! m'avez-vous parlé des droits de Prusias ?

ANNIBAL.

Eh ! quels sont donc les droits d'un despote sans gloire,
Dont le nom quelque jour fera rougir l'histoire,
Qui goûte dans la pourpre une honteuse paix,
Et voit d'un œil serein les maux de ses sujets ?

NICOMÈDE.

Si le ciel sur mon front eût placé la couronne,
Vous m'instruiriez, seigneur, sur les devoirs du trône ;
Mais celui qui l'occupe est l'auteur de mes jours :
Je fus toujours bon fils, je le serai toujours.
J'y ferais des heureux, j'y trouverais la gloire ?
J'y trouverais le prix d'une action si noire,
Le prix qu'en son courroux nous réserve le ciel,
Le remords déchirant d'un enfant criminel.
Je ne puis.

SCÈNE VIII.

ANNIBAL, NICOMÈDE ; SCIPION entrant d'un côté, FLAMMINIUS de l'autre, suivi d'une troupe de Bithyniens et de Romains ; STOSAS entrant en même temps que Flamminius.

FLAMMINIUS (*apercevant Scipion*).

Scipion !

SCIPION (*à Flamminius et à sa suite*).

Arrêtez ! téméraires,
Et déposez ce fer de vos mains sanguinaires.
Je connais vos projets. (*à Annibal*) Voilà vos assassins.

NICOMÈDE.

Ses assassins ? (*à Stosas*) Et vous ?

SCIPION (*aux Romains*).

Magnanimes Romains,
Non, vous n'oublierez pas l'honneur de la patrie.
Vous n'appellerez pas l'opprobre et l'infamie
Sur le peuple immortel. Vrais enfans de Brutus,
Vous ne flétrirez pas six cents ans de vertus.
Approchez, Annibal, et, malgré votre haine,
Sachez qu'il est encor quelque vertu romaine,
Que parmi nous encore il en est dont le cœur
Sait respecter la gloire et servir le malheur.

FLAMMINIUS.

A de pareils discours si j'avais à répondre,
Il me serait peut-être aisé de vous confondre.
Vous ici, qui parlez de projets odieux,
Ne rougissez-vous point de paraître à mes yeux ?
(*Avec ironie.*)
Je ne viens point frapper cette illustre victime.
Si quelqu'un en ce jour a conçu quelque crime....

Sortez, soldats : malgré la voix de Scipion,
Mon ame est au dessus d'un si lâche soupçon.

SCIPION.

J'entends, Flamminius, c'est moi qui suis coupable.
J'ose vous accuser d'un crime épouvantable,
Vous du peuple romain l'honneur et la vertu.

FLAMMINIUS.

Vous oubliez ici le respect qui m'est dû.

NICOMÈDE.

Le respect qui t'est dû? Quel est ton caractère?
Qui t'envoie en ces lieux, et qu'y venais-tu faire?
Qui ne te connaît pas pour un vil assassin?

FLAMMINIUS.

Rome, tu vengeras un citoyen romain.
Pourquoi donc, à la fin, attenter à sa vie?

ANNIBAL.

Ne te souviens-tu pas de la cour de Syrie?

FLAMMINIUS.

Devais-je à cette cour encor l'assassiner?
Tant de persévérance aurait lieu d'étonner.
Mon ame de son sang est donc bien altérée.
Mais si sa mort valait l'honneur d'être jurée,
Ce bras aurait déjà porté le coup fatal,
Et l'univers serait délivré d'Annibal.
Jugez donc mieux de Rome et de mon caractère.
Qu'on m'accuse du moins d'un crime nécessaire.
Le peuple sous lequel les autres tremblent tous
Craindrait-il un banni qu'ont épargné ses coups?
Qu'il tente de nouveau, qu'il tente la victoire :
Si Rome craint, ce n'est qu'un triomphe sans gloire.

ANNIBAL.

Je voudrais bien te voir, homme insolent et vain,
Dans ce champ glorieux les armes à la main ;
Je voudrais bien t'y voir, et que notre courage
Dût décider encor de Rome et de Carthage.

SCÈNE IX.

LES MÊMES, IDAMAN.

IDAMAN.

Ah! paraissez, seigneur : le peuple, les soldats
Dans son propre palais menacent Prusias.
Le bruit de votre mort a répandu l'alarme.
On crie à l'attentat, de toutes parts l'on s'arme.
Peut-être en ce moment en est-ce fait du Roi.

NICOMÈDE.

J'y cours, brave Idaman.

ANNIBAL.

Ah! quel moment pour moi.

FIN DU TROISIÈME ACTE.

ACTE QUATRIÈME.

SCÈNE PREMIÈRE.

ANNIBAL, SCIPION.

ANNIBAL *(à part.)*

Il règne : sur son front j'ai posé la couronne.

SCIPION.

Quoi! seigneur, Nicomède ose usurper le trône?
Ce prince qu'on disait....

ANNIBAL.

Le peuple l'a voulu.
Le crime l'occupait : il y met la vertu.

SCIPION.

Et vous approuveriez ce prince téméraire?

ANNIBAL.

Et ce roi détrôné, qu'était-il donc?

SCIPION.

Son père.
Ne fût-il que son roi, dans son aveuglement
Croit-il donc qu'on trahit son maître impunément?

ANNIBAL.

Son front avec orgueil peut porter la couronne.
On ne l'usurpe pas quand le peuple la donne.

SCIPION.

Le peuple, au nom des lois déposant sa fierté,
Sous ce sévère joug rampe avec dignité.
Prusias occupait le trône de ses pères.

ANNIBAL.

L'avait-il donc reçu pour opprimer ses frères?
Les peuples sont-ils donc sans volonté, sans droits?
Je concevrais assez, dans la bouche des rois,
Le langage qu'ici vous venez faire entendre.
C'est leur cause, seigneur; ils doivent la défendre.
Mais un républicain, citoyen comme moi,
Ne fait pas vanité de penser comme un roi.
Cet exemple, après tout, c'est Rome qui le donne.
Vous qui prenez si bien les intérêts du trône,
Avez-vous oublié le sort de vos Tarquins?
Que j'aime bien à voir ces fiers républicains
Témoigner pour les rois tant de sollicitude.
Quel peuple pour ses rois eut plus d'ingratitude?
Quel peuple de ses droits se montra plus jaloux?
Leurs grands ennemis, Romains, n'est-ce pas vous?

SCIPION.

Vous comparez, seigneur, Rome à la Bithynie.
Tarquin fut en effet chassé de sa patrie.
Mais on ne vit jamais le Romain inconstant
Pour vivre sous un maître expulser un tyran.

ANNIBAL.

Quand le Bithynien ose changer de maître
C'est qu'il a ses raisons.

SCIPION.

Et vous aussi, peut-être.

ANNIBAL.

J'ai les miennes, seigneur, et je ne le tais pas.
Il fallait me rouvrir le chemin des combats.
C'est de Rome, il est vrai, mériter la colère.
Il faudrait au sénat des rois sans caractère,

Des rois qui n'osent pas traverser ses desseins ;
Des esclaves soumis, de lâches souverains
Qui laissent avilir leur pays, leur couronne,
Ayant pour tout orgueil la vanité du trône,
Despotes pour leur peuple, et rampant sous vos lois.
Un prince méritait la couronne des rois,
Un peuple libre et fier l'a mise sur sa tête :
Elle est de ses vertus le prix et la conquête,
Et puisqu'il faut mourir ou recevoir vos fers,
Nous sommes prêts : venez, tyrans de l'univers.

SCIPION.

Toujours dans votre esprit cette triste pensée.

ANNIBAL.

Le temps, qui détruit tout, ne l'a point effacée.

SCIPION.

Elle pourra coûter bien des maux aux humains.

ANNIBAL.

Je ne dois pas laisser l'univers aux Romains.

SCIPION.

A régir l'univers quel peuple a plus de titres.

ANNIBAL.

Votre bras et le mien en seront les arbitres.

SCIPION.

Ah ! si je n'écoutais que mes secrets penchans
De la gloire bientôt je reverrais les champs.
Mais il est des lauriers qu'à regret l'on moissonne.
Souffrez qu'ici mon cœur s'épanche et s'abandonne :
Aux plaines de Zama je fus votre vainqueur.
Une telle infortune, après tant de grandeur,
Émeut facilement une ame généreuse.
Tout Romain que je suis, Carthage malheureuse

Excita ma pitié, mes tourmens ; et mes pleurs
Ont les premiers peut-être honoré vos malheurs.
Et que ne puis-je enfin, quand vous parlez de guerre,
Au lieu d'un ennemi ne voir en vous qu'un frère.

ANNIBAL.

Ah ! que tous les Romains n'ont-ils votre grandeur.
Scipion, on n'est pas le maître de son cœur.
Carthage est dans les fers, Rome est inexorable,
Et je nourris contre elle une haine implacable.
La terre ne saurait nous supporter tous deux :
Il faut entre elle et moi que prononcent les Dieux.

SCIPION.

Les Dieux prononceront cet arrêt redoutable.
Quoi ! le peuple romain, ce peuple formidable,
Pourrait se laisser vaincre ? il recevrait des lois,
Ce peuple de héros, vainqueur de tant de rois ?
Non, je ne conçois pas l'espoir qui vous anime :
Jamais vous ne vaincrez ce peuple magnanime.
Nicomède en croit trop un cœur présomptueux ;
Ce diadême offert à son front orgueilleux.....
Il n'y restera pas, croyez-en ma parole,

ANNIBAL.

Nous l'apprendrons bientôt au pied du Capitole.

SCÈNE II.

NICOMÈDE, ANNIBAL, SCIPION, peuple, soldats.

NICOMÈDE *(au peuple et aux soldats.)*

A son pouvoir sacré que tout reste soumis.
Imitez le respect que lui porte son fils.
Que le calme et la paix règnent en Bithynie ;
Et bientôt qu'on me suive aux champs de l'Italie.

(Le peuple et les soldats se retirent.)

SCIPION.

Quoi! le trône?

NICOMÈDE.

A mon roi, seigneur, je l'ai rendu.
N'était-ce pas son bien?

SCIPION.

Prince!

ANNIBAL.

Tout est perdu!

NICOMÈDE (*à Scipion.*)

Que ne vous dois-je pas?

SCIPION.

Je vous l'aurais vu faire.
Malheur à ceux à qui le crime est nécessaire.
Rome n'aura jamais besoin que de vertus;
Mais tout peuple, seigneur, a ses Flamminius.
Puisse toujours le trône avoir des Nicomède :
En générosité Scipion vous le cède.
D'un lâche meurtrier j'ai désarmé la main;
J'ai pu sauver l'honneur de l'empire romain.
Mais vous avez acquis une bien autre gloire.
Usez toujours ainsi, seigneur, de la victoire;
Héros par vos vertus, vous leur devrez un nom
Plus beau, plus éclatant qu'un diadème au front.

SCÈNE III.

NICOMÈDE, ANNIBAL.

NICOMÈDE.

O Rome! à quel mortel as-tu donné la vie?
Que de tels citoyens honorent leur patrie!

Que de grandeur, ô ciel! de magnanimité.
Voilà, voilà des noms pour la postérité.

ANNIBAL.

Qu'as-tu fait?

NICOMÈDE.

Ah! seigneur, quelle douleur vous presse.
Tandis qu'autour de moi tout est dans l'allégresse?

ANNIBAL.

Insensé! je croyais à la bonté des Dieux,
Et qu'il était un terme aux maux des malheureux.
Mon cœur avec transport s'ouvrait à l'espérance;
Je voyais arriver l'heure de la vengeance,
Le sort de Rome était encor dans mes mains;
Mais cet injuste ciel protège les Romains.
Il faut enfin céder, j'ai lassé la fortune;
Ciel! je ne vois que trop que ma voix t'importune.
Je cesse désormais des efforts impuissans,
Et j'abandonne enfin le monde à ses tyrans.

NICOMÈDE.

C'est à moi qu'Annibal tient un pareil langage?

ANNIBAL.

Adieu! seigneur, adieu! je retourne à Carthage.

NICOMÈDE.

Que craignez-vous ici?

ANNIBAL.

Je dois fuir mes bourreaux.

NICOMÈDE.

Voulez-vous me causer le plus cruel des maux?
N'ai-je donc plus besoin de votre expérience,
Et m'abandonnez-vous à ma propre vaillance?
Vous craignez vos bourreaux; ne les redoutez pas.
N'êtes-vous pas toujours l'idole des soldats?

Satisfaites leurs vœux, mettez-vous à leur tête.
Par vos soins, par les miens, la flotte est bientôt prête :
Là de vos assassins venez braver les coups.
C'est moi, seigneur, c'est moi qui veillerai sur vous.

ANNIBAL.

Ne présumez pas tant d'un cœur si magnanime :
La vertu trop souvent est le jouet du crime.

NICOMÈDE.

Quoi ! se jouer d'un fils après de tels sermens !

ANNIBAL.

Peut-on compter encor sur la foi des tyrans.

NICOMÈDE.

Tous les rois ne sont pas des traîtres, des parjures,
Fils, héritier de roi, je ressens leurs injures ;
Je les sens comme prince, et surtout comme fils.
Il en est qu'il faut croire alors qu'ils ont promis.

ANNIBAL.

Quelque plainte est permise à cette ame ulcérée.
Nicomède, j'ai cru ma vengeance assurée ;
J'ai cru voir l'univers libre du joug romain,
Vous venez de river les fers du genre humain.
Dans ces vastes projets vous n'avez vu qu'un père.
La vertu trop souvent manque de caractère ;
Elle égare aujourd'hui le plus noble des cœurs.
Cette vertu pourra vous coûter bien des pleurs :
Vous sentirez un jour les maux de la patrie ;
Les Romains quelque jour viendront en Bithynie,
Et vous vous souviendrez des conseils d'Annibal.
J'aurai sans doute alors subi l'arrêt fatal ;

Je ne guiderai plus votre jeune courage.
Ne frémissez-vous pas du destin de Carthage?

NICOMÈDE.

Je frémis du destin d'un peuple malheureux;
Mais il n'est pas encore abandonné des Dieux :
La mort n'a pas encor moissonné tous ses braves.
Il est des citoyens parmi de tels esclaves.
Ils se relèveront plus terribles, plus grands :
Les Dieux ne seront pas toujours pour les tyrans.
Je ne m'abuse point sur les desseins de Rome,
Et n'oublierai jamais les avis d'un grand homme.
La tyrannie a dit : enchaînons l'univers;
Crions à notre tour : despotes, plus de fers.
Peuples, réveillez-vous, citoyens à vos armes;
Rassurez-vous, vieillards, mères, séchez vos larmes,
L'univers à la fin a trouvé des vengeurs.
Accourez à la voix de vos libérateurs;
Marchons à nos tyrans; qu'ils tremblent, qu'ils périssent
De nos chants citoyens que les airs retentissent.
Poussons-le jusqu'aux cieux, ce cri si redouté :
La mort, tyrans, la mort, ou bien la liberté!

SCÈNE IV.

PRUSIAS, NICOMÈDE, ANNIBAL, gardes.

PRUSIAS.

Enfin, graces aux Dieux, je puis parler en maître;
Enfin je puis punir et l'ingrat, et le traître;
Je puis, raffermissant et mon trône et mes droits,
Dans un sang criminel venger l'affront des rois.

NICOMÈDE.

Mon père, qu'osez-vous?

PRUSIAS.

Je viens de te l'apprendre :
Me venger.

NICOMÈDE.

Vous venger!

ANNIBAL.

Tu n'y peux plus prétendre.
Tu viens de pardonner, à la face du ciel,
Celui qui t'offensa. Serait-il criminel,
C'en est fait, le pardon lui tient lieu d'innocence.
Il peut craindre les Dieux, mais non pas ta vengeance.
Punir les ennemis qu'on vient de pardonner,
Ce n'est pas s'en venger, c'est les assassiner!

PRUSIAS.

Il en est autrement pour la gloire du trône :
La puissance punit, la faiblesse pardonne.
Les maux qu'on fait aux rois veulent être vengés,
Et tout leur est permis dès qu'ils sont outragés.

ANNIBAL.

Ainsi, pour mieux servir leur aveugle vengeance,
Ils profanent les noms de paix et de clémence.
Les sermens, pour les uns, seront de saintes lois,
Et lieront les sujets sans enchaîner les rois.

PRUSIAS.

Ainsi de faux amis, un enfant téméraire,
Provoqueront ma rage, et pourront s'y soustraire!
J'ai déja trop souffert d'un ingrat tel que toi.
Soldats, préparez-vous à venger votre roi.

ANNIBAL.

Je te pourrais ici rappeler mes services,
Je pourrais te montrer les nobles cicatrices

Que me valut l'honneur de servir ton pays.
Je te dirais : Tyran, sans moi tes ennemis
Te tiendraient maintenant plongé dans l'esclavage.
Je te dirais : tu dois la vie à mon courage.
Mais de tels souvenirs sont proscrits de ton cœur.
Vous sentez nos bienfaits, mais c'est dans le malheur;
Vous déposez alors l'orgueil de la puissance,
Vous nous parlez d'amour et de reconnaissance;
Hommes dans l'infortune et dans l'adversité,
Vous n'êtes plus que rois dans la prospérité.
Toi-même que j'ai vu naguère sans couronne,
Toi dont ma main deux fois a relevé le trône,
De ce titre de roi, si vain et si jaloux,
Je t'ai vu malheureux tomber à mes genoux;
Tu m'appelais ton bras, le dieu de ta patrie,
Et puissant aujourd'hui, tu m'arraches la vie.
Mais écoute, du moins, ce salutaire avis :
N'attente point aux jours de ton généreux fils,
D'un héros aux vertus que j'ai formé moi-même,
L'espoir de ton pays et de ton diadême.
De tout ce qui s'est fait n'accuse ici que moi;
Le prince ne fut point criminel envers toi :
J'ai seul poussé le peuple à t'ôter la couronne;
Je voulais faire un roi qui fût digne du trône.
J'avais peut-être encor de plus nobles desseins :
Je voulais sous ta chute écraser les Romains.
Venge-toi, tu le peux, immole ta victime.
J'aimai trop ma patrie, et c'est là tout mon crime.
Pour elle et l'univers, jai tout fait, tout tenté :
Toujours trahi, je meurs, mais pour la liberté.

SCÈNE V.

PRUSIAS, NICOMÈDE, gardes.

PRUSIAS (*à une partie des gardes*).

Gardes, suivez ses pas, et que l'on m'en délivre :
Le cruel dès long-temps eût dû cesser de vivre.
(*Une partie des gardes suit Annibal.*)

NICOMÈDE.

Barbares! arrêtez.

PRUSIAS.

Calmez ce vain courroux
Qui ne fait qu'exciter ma haine contre vous.
Qui mieux ici que moi connaît votre impuissance?
Pensez-vous de la sorte apaiser ma vengeance?
Allez, et dès demain soyez loin de ces lieux :
L'aspect d'un mauvais fils épouvante mes yeux.

NICOMÈDE.

L'aspect d'un mauvais fils? Que faites-vous entendre?
Eh! quel fils pour un père eût un amour plus tendre?
Grands Dieux! mon cœur, mon sang, tout n'est-il pas à vous?
Satisfaites sur moi votre aveugle courroux,
Mais sauvez un ami qui fut mon second père.
N'attirez pas des Dieux la trop juste colère,
Respectez un héros, la terreur des Romains;
Ne faites pas périr le plus grand des humains.
Cédez à ma douleur, cédez à ma tendresse :
Il ne périra pas, j'en ai votre promesse;
Vos sermens et les miens ne seront pas trahis :
Vous ne donnerez pas la mort à votre fils.
Inutile discours, inutile prière,
Je ne puis arracher une larme à mon père.
Eh bien! que votre cœur résiste à la pitié,
Demeurez insensible au cri de l'amitié;

Bravez les pleurs d'un fils ; mais songez à vous-même ;
Songez à votre honneur, songez au diadême
Que vous avez reçu de vos nobles aïeux !
Hélas ! pour vos enfans quel héritage affreux !
L'histoire redira ce crime épouvantable :
C'est pour les rois surtout qu'elle est inexorable.

PRUSIAS.

Gardes ! dans le palais qu'on observe mon fils.

(Il sort.)

NICOMÈDE.

Dans ce cruel moment n'ai-je donc plus d'amis ?
Vos bras ne sont-ils plus armés que pour le crime ?
Entendez-vous, cruels, la voix de la victime.
Accourez, suivez-moi ; tremblez du moins pour vous :
Malheur à ceux qui vont se trouver sous mes coups !

FIN DU QUATRIÈME ACTE.

ACTE CINQUIÈME.

SCÈNE PREMIÈRE.

PRUSIAS, *seul.*

Il se défend encore ; et quel carnage affreux :
Je suis épouvanté de ce qu'ont vu mes yeux.
Lâches soldats ! d'après ma volonté suprême,
Que n'ont-ils immolé Nicomède lui-même.
Sur mon trône, à la fin, verrai-je un autre assis ?
Verrai-je ce bandeau sur le front de mon fils ?
Monarque malheureux ! trop infortuné père !
Il n'est donc pour les rois que tourmens sur la terre.
Mais ce funeste honneur est un honneur si beau,
Qu'on se plaît à gémir sous ce noble fardeau.
Trône sanglant, je t'aime encor plus que la vie.
Il n'est rien pour régner que je ne sacrifie.
Dût l'état tout entier s'engloutir avec moi,
Mes aïeux ont régné, Prusias mourra roi,
Lui fallût-il encor, dans sa juste colère,
Punissant un ingrat, oublier qu'il est père.
Cet effort est-il bien si facile à mon cœur ?
Celui que veut encore immoler ma fureur,
C'est mon fils, c'est mon sang, c'est un autre moi-même.
Cesserait-on d'être homme avec le diadême.
Immoler son enfant ? Dieux immortels ! qui ? moi.
La nature, cruel ; la nature ? Sois roi.
De ce combat, enfin, sachons quelle est l'issue.
Qu'entends-je ? Quel mortel se présente à ma vue ?

SCÈNE II.

PRUSIAS, STOSAS.

PRUSIAS.

Arrive, cher Stosas. Eh bien! es-tu vainqueur?
Annibal n'est-il plus?

STOSAS.

Il vit encor, seigneur.
Le glaive était déjà levé sur ce perfide.
Tout à coup à nos yeux un héros intrépide
Se présente. C'était Scipion l'Africain.
Les yeux pleins de fureur et l'épée à la main:
» Barbares! nous dit-il, respectez ce grand homme.
» Frappez, si vous l'osez, l'ambassadeur de Rome. »
Vos gardes cependant, rassurés par ma voix,
Attaquent Scipion et le Carthaginois.
Je vous ai cru vengé; mais, le pourrez-vous croire?
Eux seuls contre nous tous balancent la victoire.
Le sang coule, et déjà sous leurs coups abattus,
Les uns rendaient la vie, et d'autres n'étaient plus,
Quand Nicomède, en proie aux plus vives alarmes,
Excité par nos cris et par le bruit des armes,
Entraînant les soldats à sa garde commis,
Vient combattre à côté de nos deux ennemis.
Flamminius pâlit en le voyant paraître,
Et vos gardes en lui voient le fils de leur maître.
La crainte, le respect se peignent sur leur front.
Enfin, Flamminius leur parle en votre nom,
Et ranime à son tour leur timide courage.
Mais cet ancien ami du héros de Carthage,
Phorbas, et d'autres chefs, pénétrant vos projets,
Avaient déjà forcé la porte du palais;
Et déjà dans la ville une troupe rebelle
Attaquait tout sujet qui vous restait fidèle.

Cependant Laodon, digne ami de son roi,
Suivi de ses guerriers se réunit à moi.
D'autres braves pour vous signalent leur courage ;
Entre le prince et vous le peuple se partage.
Le nombre et la valeur égalent chaque rang ;
Je vois autour de moi rouler des flots de sang.
Le dirai-je? j'ai vu des scènes déchirantes :
Un père sur un fils tourner ses mains sanglantes ;
J'ai vu, pardonnez-moi ces pénibles récits,
J'ai vu presque à mes pieds tomber mon dernier fils.

SCIPION.

Ton fils, mon cher Stosas?

STÔSAS.

On combattait sans cesse....

PRUSIAS.

Achève.

STOSAS.

Que je plains, seigneur, votre tendresse!
Un fils plein de valeur, peut-être de vertus.....

PRUSIAS.

Eh bien! mon fils, Stosas?

STOSAS.

Votre fils ne vit plus.

PRUSIAS *(après une longue pause.)*

On a beau mériter sa haine et sa colère,
Un père ne saurait oublier qu'il est père.
Moi-même, dans ce jour de carnage et d'horreur,
Me suis-je garanti d'une injuste fureur?
N'ai-je pas repoussé la voix de la nature?
C'est-elle, maintenant, c'est elle qui murmure.
Cruel orgueil des rois que ne coûtes-tu pas!
Le trône, justes Dieux! a donc bien des appas!

Aux regards de ce peuple il faudra reparaître,
Que verra-t-il écrit sur le front de son maître?
Qui va-t-il accuser des maux de mon pays?
Bourreau de mes sujets, assassin de mon fils,
Peut-il me pardonner le sang de mes victimes?
Un roi peut-il régner, couvert de pareils crimes?
O mon fils!

STOSAS.

Je conçois une telle douleur;
Mais vous saurez en roi supporter le malheur.
Le trône, il est trop vrai, n'est pas exempt d'orages;
Ils ébranlent souvent les plus nobles courages.
Mais jusqu'ici vos mains ont maintenu vos droits;
Mourez, seigneur, mourez sur le trône des rois.
N'est-ce pas votre bien? c'est le bien de vos pères;
Défendez-le, grand roi. Malheur aux téméraires
Qui viennent d'attenter à votre autorité,
De trahir le devoir de la fidélité.
Paraissez, montrez-vous à ces sujets fidèles,
Dont le sang coule à flots sous le fer des rebelles;
Par votre auguste aspect enflammez leur ardeur.

PRUSIAS.

Oui, Stosas: échappons au moins au déshonneur,
Quand le sang sous mes yeux coule pour ma couronne,
De n'avoir su mourir sur les débris du trône.

STOSAS.

Qui s'avance vers nous?

PRUSIAS.

Annibal!

STOSAS.

O mon roi!

PRUSIAS.

Il triomphe, sans doute,

STOSAS.

Il est seul; suivez-moi.

(En sortant, ils ferment sur eux.)

SCÈNE III.

ANNIBAL, *seul, courant à la porte par où sortent Prusias et Stosas.*

C'en est fait, plus d'issue. Il faut perdre la vie.
O destin! ta rigueur ne s'est point démentie;
Je te reconnais bien au dernier de tes coups.
Dieux! j'aurai donc toujours à me plaindre de vous.
Flamminius triomphe; et malgré son courage,
Nicomède a péri dans cet affreux carnage.
Scipion l'Africain a dérobé ses pas.
Et moi j'attends ici ces barbares soldats,
Ce ramas de brigands, aux yeux, à l'ame atroces.

(On entend des cris de mort.)

Arrivez donc, bourreaux! Ce sont leurs cris féroces.
Adieu vastes desseins qui, depuis si long-temps,
Avez de ce grand cœur rempli tous les instans.
Je meurs, et je n'ai pas accompli mon ouvrage.
Aurais-je donc manqué de vertu, de courage?
Où n'ai-je pas porté mes drapeaux glorieux?
Mais il aurait aussi fallu vaincre les Dieux.
Liberté! liberté! toi que j'ai tant chérie,
Toi pour qui j'ai perdu repos, bonheur, patrie,
Livré tant de combats et souffert tant de maux,
Liberté! c'est donc là le sort de tes héros?
A la fin, rois cruels, votre ame est satisfaite.
Vos mains assez long-temps ont marchandé ma tête.

Ce crime vous manquait, accomplissez vos vœux;
Peut-être un jour.... Allez, il est là haut des Dieux.

SCÈNE IV.

ANNIBAL, STOSAS, soldats.

STOSAS.

Enchaînez-le, soldats.

ANNIBAL.

M'enchaîner? quoi, barbare
C'est donc là le tourment que ton roi me prépare?
Soyez plus généreux : portez le coup fatal;
Frappez ici, soldats! c'est le cœur d'Annibal;
Frappez, c'est le vainqueur du lac de Trasimène
C'est ce Carthaginois, c'est ce grand capitaine
Qui du bruit de sa gloire a rempli l'univers.
Quelle honte pour vous de le charger de fers,
Vous qu'il a tant de fois conduits à la victoire.
Vous pourra-t-il jamais sortir de la mémoire
Celui qui vous a faits si glorieux, si grands?
Il demande aujourd'hui la mort à ses enfans :
Lui refuseront-ils ce généreux service?
Imposez-vous du moins ce noble sacrifice;
Son ame fut toujours ouverte à ses soldats :
Compagnons d'Annibal pourriez-vous être ingrats?
N'est-il donc plus pour vous d'honneur et de patrie?
Ah! que sont devenus les soldats de Trébie?

(Il font un mouvement pour s'emparer de lui.)

Vous osez; mais à qui s'adressaient mes discours?
De quels bras viens-je donc d'implorer le secours?
Vous, soldats, vous sortir du champ de la victoire?
Non jamais votre cœur n'a battu pour la gloire;

Ce n'est qu'un vil ramas de brigands, de bourreaux;
Les héros ont toujours respecté les héros :
C'est à les immoler que vos mains sont instruites.

STOSAS *(aux soldats.)*

Avancez.

ANNIBAL.

Arrêtez! infâmes satellites.
Voilà de quoi tromper vos perfides desseins.
(Il montre du poison qu'il avale.)
Je puis du moins braver encore les Romains.
(à Stosas.)
Et toi, vil instrument d'un prince mercenaire,
Esclave d'un tyran l'opprobre de la terre,
Retourne vers ce monstre, et satisfais son cœur.
Compte-lui le destin de son libérateur.
Dis-lui qu'enfin le ciel, comblant son espérance,
L'a déchargé du poids de la reconnaissance.
Dis-lui.... que son ami, descendant au tombeau,
Plus généreux que lui, pardonne à son bourreau.
Mais toi, mon implacable et barbare ennemie,
Qui te couvres ici de tant d'ignominie,
Rome, reçois aussi les adieux d'Annibal.
A son dernier moment écoute ton rival.
O Rome!.... Mais quels mots pourraient rendre ma haine!
Ce que je sens, les Dieux l'exprimeraient à peine.
J'aurais en mon pouvoir la propre main des Dieux,
Il manquerait encor quelque chose à mes vœux,
Je ne frapperais pas au gré de ma souffrance,
Et je mourrais encore altéré de vengeance.
(Il s'assied.)
Arrive donc enfin, impitoyable mort.

STOSAS.

Que vois-je, justes Dieux? le prince vit encor!

SCÈNE V.

ANNIBAL, SCIPION, NICOMÈDE, ADHÉMAR, STOSAS, soldats. (Nicomède est appuyé sur Scipion et sur Adhémar.)

SCIPION (*aux soldats.*)

Epargnez le vaincu, suspendez le carnage,
Ménagez la patrie, honorez le courage.

ANNIBAL.

Qu'entends-je ? malheureux ! Scipion est vainqueur.

SCIPION.

Dans l'éternel oubli plongez ce jour d'horreur.
Entendez-vous les cris des enfans et des mères ?
La victoire suffit, les vaincus sont vos frères.
Respecter le malheur, c'est honorer les Dieux,
C'est triompher encor que d'être généreux.

NICOMÈDE (*d'une voix faible.*)

Annibal ?

STOSAS.

Il expire.

SCIPION.

O ciel !

ANNIBAL.

Cruel supplice !

ADHÉMAR.

Que dit-il ?

NICOMÈDE.

Il n'est plus.

STOSAS.

Sa main s'est fait justice :
Il a pris le poison.

NICOMÈDE (*dans les bras d'Annibal.*)

O mon père !

ANNIBAL.

O mon fils !

ADHÉMAR.

O mon ami !

ANNIBAL.

Mes maux seront bientôt finis.
Menacé des fureurs de ces mains inhumaines,
J'ai pris le lent poison qui coule dans mes veines.
Le nombre m'accablait, et je vous ai cru mort.

NICOMÈDE.

Les Dieux me réservaient un plus funeste sort.
Déjà mon sang coulait et baignait la poussière,
Déjà mes yeux étaient fermés à la lumière,
Scipion, ce héros, accourt à mon danger.
Le soldat à sa voix s'empresse à me venger.
Il redouble d'ardeur, il redouble de rage,
Et nous sortons vainqueurs de cet affreux carnage.
Je le dois, Annibal, au plus grand des Romains.
Que n'ont pas fait pour moi ses généreuses mains !
Il ferme ma blessure, il rouvre ma paupière,
Et je cherche l'ami qui m'a servi de père.
On le dit dans ces lieux, et j'y traîne mes pas.
Je viens, je crois déjà le presser dans mes bras,
Remerciant les Dieux d'avoir sauvé sa vie ;
Les Dieux !... Quel coup les Dieux portent à ma patrie!

ANNIBAL (*d'une voix faible.*)

Eh bien ! cher Nicomède ; eh bien ! il faut mourir.
Après tant de malheurs, il est temps de finir,
Et sans aucun regret je quitterais la vie
Si je ne laissais pas des fers à ma patrie.

Le ciel m'a vu trente ans, les armes à la main,
Combattre.... Je me tais pour ce digne Romain.
Que voulez-vous? de tout c'est le sort qui dispose :
Le ciel n'est pas toujours pour la plus juste cause.

ADHÉMAR.

Voilà donc le destin du plus grand des mortels.
Quand l'univers devrait lui dresser des autels,
Il est dans l'univers sans Dieux et sans patrie,
Et c'est par le poison qu'il termine sa vie.
Quel prix pour tant de gloire et pour tant de vertus.
Carthage, ô mon pays! le grand homme n'est plus.
Traîtres, et vous ingrats, voyez votre victime.
Que n'a pas fait pour vous son ame magnanime?
Vous surtout, rois cruels, qui fûtes ses bourreaux,
Que ne devez-vous pas au plus grand des héros?
Regardez : le voici.... Je n'y saurais survivre.

NICOMÈDE.

Je veux avoir aussi la gloire de le suivre.

ANNIBAL.

Trop fidèles amis, ménagez ma pitié.
Je sens trop en mourant le prix de l'amitié.
Vivez, prince, vivez. Toi, revois ta patrie.
Dis-lui que le proscrit a terminé sa vie;
Dis-lui qu'en son exil il ne put la haïr,
Et qu'il l'aimait encore à son dernier soupir.
Dis-lui, si quelque jour, sur ce lointain rivage....
Non, je ne saurais rien demander à Carthage.
Adieu, cher Adhémar; adieu, mon tendre fils.
Souviens-toi d'Annibal et de tes ennemis.

(à Scipion.)

Et vous dont les vertus égalent la vaillance,
Vous qui, forçant mon cœur à la reconnaissance,

Me faites en mourant regretter un Romain,
Approchez, Scipion, donnez-moi votre main.
Adieu. Je meurs banni des lieux qui m'ont vu naître;
C'est le cruel destin qui vous attend peut être.

SCIPION.

Que n'a-t-il fait, hélas! pour son ingrat pays?
Quels travaux! quelle gloire! et c'en est là le prix.
Ce terrible moment ébranle mon courage.
O Rome! ouvre les yeux, et contemple Carthage.
Quand le crime à ta haine immole ton rival,
Regarde Scipion pleurant sur Annibal.
Mère ingrate et cruelle, ô rivale de Rome!
Tu n'as pas de tombeau même pour ce grand homme.

NICOMÈDE.

Il n'est plus, ô destin! un roi fut son bourreau.
C'est mon père, grands Dieux! qui le plonge au tombeau.
Mais pourrai-je échapper moi-même à l'infâmie?
Sur moi rejaillira l'opprobre de sa vie.
Quand toutes les vertus habiteraient mon cœur,
Le fils d'un roi coupable est toujours en horreur.

FIN DU CINQUIÈME ET DERNIER ACTE.

www.ingramcontent.com/pod-product-compliance
Lightning Source LLC
LaVergne TN
LVHW010619110826
845149LV00003B/979

* 9 7 8 2 0 1 9 1 7 0 4 4 8 *